地理授業づくり入門

― 中学校社会科での実践を基に ―

荒井 正剛 著

古今書院

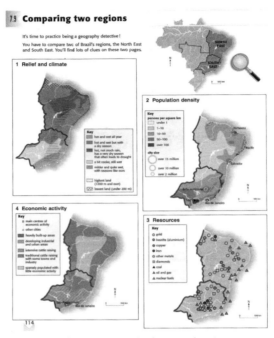

イギリスのテキストブック：ブラジル
コラム 7（p.89）参照．
出典：R. Gallagher and R. Parish（2001）geog.2, Oxford University Press. p.114.

Making Geography Lessons Interesting and Valuable
~ Based on the lessons at a junior high school

Masataka, ARAI

Kokon Shoin Ltd., Tokyo, 2019

はじめに

　地理学習は，特に中学校の地理学習は残念ながら人気がないようです。中学校の地理の授業について，中等社会科・地歴科教員免許状の取得を目指す大学生でさえ，大半が面白くなかったと言います。多くは暗記を強いる学習に陥っていたからです。中学校社会科の先生方の多くは，大学等で地理のおもしろさや地理教育の意義を理解する機会がなかったようです。大学生の過半数が高校で地理を学んでおらず，このままでは悪循環が続くだけです。

　中学校では高校と違って，地理はずっと必修です。授業時間数は歴史的分野と同じか少し少ない程度です。それだけ「大切」にされてきているのに，その期待に応えてきたでしょうか？　他の地域を学ぶことは，本来，子どもたちの知的好奇心をくすぐり，楽しいはずです。本学社会科教室所属学生の大半は地理学の講義を8単位前後履修します。彼らに地理のおもしろさを聞くと，日常生活と関わることが多い，身近な地域のことや世界のできごとがよくわかる，フィールドワークが楽しいと言います。もちろん地理学を学べば生徒にとって楽しく有意義な授業ができるというほど単純ではありません。教育の論理，生徒の状況を踏まえなければなりませんから。

　新学習指導要領は，学んだ知識・技能をどう生かすかを問うています。各教科の教育的意義が問われていると言えます。地理総合が必履修科目となったのは地理教育への期待があるからです。学習指導要領が強調している地球的諸課題には地理的事象が深く関わっており，地理の社会的有用性を生徒に実感させやすいはずです。課題解決的な学習による「主体的・対話的で深い学び」も，地図や景観写真，統計などを活用する地理学習では，やりやすいはずです。しかし，知識の習得で終始していては，その期待に応えられません。特に高校の授業改善が求められています。

i

書店に並ぶ教育書には How to 本やネタ本の類が多く感じられます。変化の激しい今日，そうした本の効果が持続可能とは思えません。なぜ地理を教えるのかといった地理教育の根本を考える本こそ必要であると思い，中学校現場に 37 年間籍を置いた経験と，4 年半と短いものの大学に籍を置いた教員養成の経験を活かして出版を思い立ちました。

　中学生や高校生は，社会や人生への関心が高まる時期です。社会のあり方や自身の生き方に示唆に富む学習にすることが第一です。生徒に地理を何のために教えるのか，地理を通してどんな人間に育ってほしいのか，真剣に考え続けることこそ重要です。本書が生徒にとって楽しく学びがいのある地理授業をつくるうえで参考になることを切望します。

＜本書の構成＞

　教育書は一般に理論的・総論的なことから始めますが，本書はまず第Ⅰ部で私の中学校での授業実践を提示します。その単元構成や授業展開は風変わりに映るかもしれません。ここでは，皆様に地理教育は面白いものだ，意義深いものだと，理屈抜きで感じていただければ嬉しいです。

　第Ⅱ部では，そうした地理授業実践の基になっている考えを提示します。理屈だけではなく，関連する授業実践や資料をコラムで示しました。なお，私の授業実践は現行学習指導要領への移行期間までで，基本的に平成 10 (1998)年 12 月告示の学習指導要領によるものであることをご了解ください。

　本書は私の中学校での実践を基にしていますが，高校の地理授業にも適用できるはずで，高校の先生方にも読んでいただきたく思います。

　　　＊本書で注記がない統計数値は，高校で広く採用されている『地理統計要覧 2018 年版』（二宮書店）によります。索引もあり，価格も手ごろ（税別 400 円）です。
　　　＊「地図帳」も「文部科学省検定済教科書」ですが，本書では一般的に使われている意味で「地図帳」と表記しました。また，「中学校学習指導要領（平成二十九年告示）」は「新学習指導要領」と略記しました。

目　次

はじめに　　i

第 I 部　実践から考える地理授業のあり方

第1章　地理教育の魅力・特長
　　──楽しさと学びがい：「北アメリカ州」を例に──　…………　*2*

　コラム 1　私の実践例①　地図と景観写真から読み解くニューヨークの発展　　*18*

第2章　地理教育の役割〜平和学習〜
　　──「世界各地の人々の生活と環境」を例に──　………………　*19*

　コラム 2　私の実践例②　太平洋の島々の変化　　*32*

第3章　地理教育の役割〜地球市民の育成〜
　　──地球的諸課題：「アフリカ州」を例に──　…………………　*35*

　コラム 3　私の実践例③　国家規模の学習「マレーシア」──途上国の事例──　　*50*
　コラム 4　参考資料①　ケニア──イギリスのテキストブックの記述──　　*52*

iii

第II部　地理授業づくりの基礎・基本

第4章　地理教育の意義・役割
——国際的な視野から—— ······································· 54

コラム 5　参考資料②　イギリスのテキストブック——ツーリズムを例に——　*64*

コラム 6　参考資料③　コンピテンシー・ベース（資質・能力本位）を超える
カリキュラム——イギリスの地理教育の歩みを踏まえて——　*69*

第5章　地誌学習の意義とあり方
——地域から学ぶ—— ······································· *71*

コラム 7　参 考 資 料④　イギリスの地理テキストブックにみる
アマゾン開発　*89*

コラム 8　私の実践例④　新潟県——東京との関わりを意識して——　*91*

第6章　異文化理解から考える地理教育
——知識の質を問う—— ······································· *95*

コラム 9　参 考 資 料⑤　ムスリムの語り　*104*

コラム 10　私の実践例⑤　クリスマスからヨーロッパの深層にせまる　*108*

第7章　地理的センスの育成
　　　──地理的探究と技能── ……………………………………… *111*

　コラム 11　私の実践例⑥　一般図から地域のあらましを読む　　　*115*
　コラム 12　私の実践例⑦　統計地図の作成から人口動態を読み解く　*124*
　コラム 13　私の実践例⑧　地球儀と世界地図──クイズ感覚で学ぶ──　*134*

第8章　地理授業構想のヒント ……………………………… *135*

　コラム 14　私の実践例⑨　グループ発表学習　　　　　　　　　　*144*
　コラム 15　参考資料⑥　教材研究に役立つ図書　　　　　　　　　*145*

　おわりに　　*148*

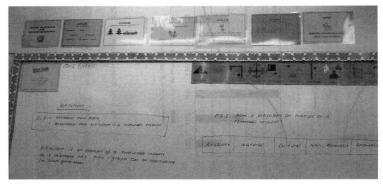

ニュージーランドの中等教育学校の
地理教室の「黒板」

ホワイトボードの上に key words in geography として explain 以下の6つ（下の薄いグレーの用語）が，ボード上の右上角には process 以下の8つ（下の濃いグレーの用語）がキーワードとして掲げられています。

単元「資源利用」での園芸農業（高校1年生）の板書には，園芸農業が（適切に管理されれば）再生可能であると記され，「再生可能」が強調されています．2009年荒井撮影．

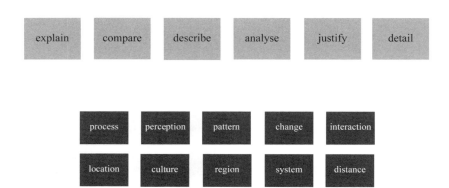

第 I 部

実践から考える
地理授業のあり方

イギリスのテキストブック：ケニアの少女たち
コラム 4（p.52）参照．出典：D. Waugh and T. Bushell (2014) *Nelson Key Geography Foundations* 5th ed. Oxford University Press. p.91.

第1章 地理教育の魅力・特長
― 楽しさと学びがい：「北アメリカ州」を例に ―

地理を学ぶと人生が二倍楽しくなる。

市川健夫 (1927~2016：地理学者)

【本章のねらい】

　地理学界ではよく知られた言葉です。市川先生はいつも楽しそうに講義をなさっていました。フィールドワーカーとして知られ，その実体験に裏打ちされたお話は説得力抜群で，惹き込まれてしまいます。地理学では事例研究を積み重ねる帰納的な研究手法がよく採られます。それは生徒の学びにも適います。具体的な事例を通した理解はわかりやすいですから。

　学びのスタートは関心を高めることにあります。教師自身が，地理の楽しさや意義を実感していなければ，生徒が授業に興味を持てるはずはないです。そこで，まず地理教育の魅力・特長についてみていきましょう。

　北アメリカ州，なかでもアメリカ合衆国については様々な情報が得やすいです。地図や景観写真はもちろん，各種の地理統計が整備されているうえ，それらをウェブでも比較的容易に得られます。生徒の関心を高める資料，生徒の理解を助ける資料，問いを作るうえで活用できる資料が豊富です。こうした資料を活用して，楽しく学びがいのある地理授業をつくりましょう。

1. 「北アメリカ州」の単元構想

(1) 北アメリカ州を学ぶ意義

　学習指導要領における中学校と小学校の社会科の目標の違いは，「広い視野に立ち」という言葉の有無です。「広い視野」には多面的・多角的な考察と国際的な視野に関わる二つの意味があります。後者から，自分たちの生活や社会について広い視野から考えるという意義を見出せます。

　北アメリカ州の中央部を占めるアメリカ合衆国（以下，USA）は，広大な国土と豊富な資源を活かし，技術革新を進めて生産性を高め，世界各地に様々な商品等を輸出して，世界に大きな影響力を持つ国になっています。例えば大規模な機械を使った農業を見た生徒は，日本の農家にはとても太刀打ちできないと思うでしょう。では，日本は農産物をこの国に持続的に頼っていけるでしょうか？　また，それでよいのでしょうか？　USA にも問題はあります。多面的・多角的な考察が目標になっている中学校では，その課題にも目を向ける必要があります。農産物は生きる糧であり，生徒にも重大なことと受け止められます。USA の農業の特色をとらえ，農業地域区分図を覚えて終わりでは，それを仮に面白楽しく指導できたしても，生徒にとっては他人事の，単なる暗記の対象としてしか映りかねません。

　次に北アメリカ州というスケールで見ると，中央アメリカ・カリブ海諸国は経済的に貧しく，USA への移民が少なくなく，南北問題という大きな地球的課題を考えやすいです。USA は移民たちが開発を進めた国で，世界各地から多くの移民を受け入れてきました。その魅力や課題を知ることは，多文化化が進む日本にとっても意味があります。

　そこで，本単元では，USA の経済発展について考えるとともに，環境保全や社会的公平性という観点から，その課題を考え，生徒に経済発展について幅広く考察してもらいます。

　地理では各地域の経済発展について考察することが多いです。以後，ほかの各地域の特色や課題などを学習する際，適宜 USA と比較して，「発展」とは，「豊かさ」とは何か考えるようにしていきます。

3

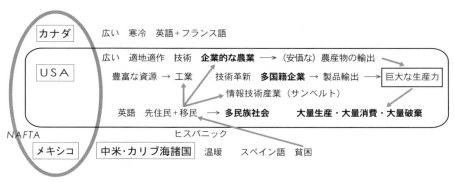

図 1-1　教科書にみる北アメリカ州の学習内容の構造

(2) 北アメリカ州の単元構成

　単元構成を考える際，教科書が取り上げている内容を図 1-1 のように構造化してみるとよいでしょう。本単元のキーワードは「巨大な生産力」で，その背景を，図 1-1 によって逆向きに追究していきます。単元を貫く問いは「なぜ USA の生産力は巨大なのだろう？」とし，学習を進めるなかで「問題はないのだろうか？」も加えます。

　表 1-1 のように，まず生徒に身近なアメリカ産輸入農産物を取り上げて，「巨大な生産力」の様子と背景を考察します。次に移民について，北アメリカ州というスケールで考察して，経済発展の地域格差をとらえます。多民族社会のようすをとらえた後，豊かと言われるアメリカンライフを，ESD の視点から考察します。

表 1-1　北アメリカ州の単元計画（5 時間：各 1 時間）

単元を貫く問い：「なぜ USA の生産力は巨大なのだろう？
　　　　　　　　問題はないのだろうか？」

テーマ	主な内容	経済	環境	社会	スケール
世界の食糧庫	農産物輸出 → 地域の概要	◎			国家
肉牛の肥育	農業の特色と課題	◎	◎		ローカル
ヒスパニック	移民，工業生産の地域差	○		○	大州
移民国家	開発と移民の歴史，多民族社会			◎	国家，ローカル
郊外住宅地	自動車社会，スラム，大量消費	○	◎	○	ローカル

・経済，環境，社会の観点について取り上げる場合は○，重点的に取り上げる場合は◎。

2. 第1時「世界の食糧庫」

（1）諸地域学習の第1時は自然の学習？

　諸地域学習の第1時間目の定番は，その自然の様子をとらえる学習です。地誌の本も自然環境から始めるのが定番です。地域理解には自然環境の特色をとらえる必要がありますし，地理のオリジナリティが活かせます。

　しかし，その自然環境の学習内容がそれ以降の学習に活かされなければ，生徒にとっては暗記の対象でしかないでしょう。

　1時間目の授業づくりの基本は，生徒が知っていることにゆさぶりをかけたり生徒の感性に訴えたりして，生徒に関心を高めてもらうことです。

　生徒にUSAのイメージを尋ねると，大国，経済が発展，豊かといった答えが返ってきます。どうしてそう思ったか，本当にそうだろうかとゆさぶって，適宜，後で活かしましょう。次に，身の回りの輸入品を出させます。小学校でも学んでいる各種の農産物が挙がります。USAの農産物が日本の輸入に占める割合，世界の生産・輸出に占める割合を調べ，様々な農産物を世界に大量に輸出していることをとらえます[1]。

（2）農産物からみるUSA，北アメリカ州のあらまし

　そこで，「なぜアメリカ合衆国では，①様々な農産物を②大量に輸出できるのだろう？」という問いを立て，本時では①の理由を考えます。まず予想させてみましょう。面積が大きくて，様々な気候が見られるのではないかといった予想が出ます。それが正しいか調べます。面積は，形容詞ではなく，具体的な数値を調べ，日本と比較します。日本の約25倍でもよいですが，日本とほぼ同じ面積を有するモンタナ州やカリフォルニア州（それも統計で見つけます）を地図で見ると，USAの広大さが実感できます。

　気候について主題図で調べます。気温については緯度に注目します。等温線がほぼ緯度に平行になっています。USA本土48州は概ね北緯30度から同49度まで広がっていて，それは屋久島からサハリン南部の広がりに相当します。学校と同緯度の都市（東京ならばオクラホマシティやラスベガス）に注目しましょう。年降水量をみると，湿潤と乾燥の区分の目

安になる 500 mm の線が国土のほぼ中央（西経 100 度）を南北に伸びていま
す。こうして，気候から USA を大きく 4 地域に分けられます [2]。すなわち，
冷涼な北東部（北極からの風を遮る山がない），温暖湿潤な南東部（南に
温かいメキシコ湾がある），乾燥している西部（山地で，海からの影響を
受けにくい），地中海性気候の太平洋岸（大陸西岸にあり，寒流の影響で
少雨）です。カッコ内に示した理由をとらえれば「理解」につながります。

　北海道よりも高緯度のカナダは寒く，鹿児島よりも低緯度のメキシコ以
南の中央アメリカやカリブ海諸国は暖かいことはわかりやすいです。

　最後に，小麦，果樹，綿花などの分布について，高温多雨に適するといっ
た簡単な生育条件 [3] を示して，気候と関連させてもよいでしょう。

　このように，農産物の多様性から自然環境をとらえるという展開にして，
ちょっとしたなぞ解きを楽しんでもらいます。

表 1-2　第 1 時「世界の食糧庫」の展開

本時の目標：① USA の生産力の巨大さについて関心を持つ。
　　　　　　② USA と北アメリカ州の気候的多様性を，地図を使って緯度に注目してとらえる。

学習内容	学習活動	資料
USA のイメージ	・USA のイメージを出し合う。 ・USA からの身近な輸入品を調べる。	S：主な輸入品
USA の農産物 生産・輸出	・世界に占めるアメリカ合衆国の農産物の生産 　と輸出の割合を調べる	S：主な農産物の生産・ 　輸出国
	なぜ USA は様々な農産物を輸出できる のだろう？	
	・予想し，それを資料で調べる。 ・調べた結果を出し合う。	S：USA の面積・人口
USA の概要	・日本の緯度と対照して，気候の様子をとらえる。 ・わかったことを白地図にまとめる。	M：北アメリカ州の気候 （気温と降水量）
北アメリカ州の 概要 （USA の農業地域）	・カナダ，中央アメリカ・カリブ海諸国の気候と， 　人口・産業のようすをとらえる。 （・農業の生育条件と農業地域の確認をする。）	S：各国の基礎統計 （人口，GDP など） （M：農業地域図，F：主要 　農作物の生育条件）

資料：M は地図，S は統計，P は写真，T はテレビ映像，F は図表を示す。
（　）内は必要に応じて加える内容（表 1-3 以下も同様）。

6

3. 第2時「肉牛の肥育」

本時は前時の問い② USA の農産物の大量輸出について，生徒に身近な牛肉を取り上げます。牛のえさにするとうもろこしの栽培も取り上げられますし，乾燥地域で生産するための大規模灌漑装置を使った円形農場は生徒に印象的に映るからです。生徒から，遠い USA から牛肉をなぜ安く輸入できるのか（「常識」との矛盾），どのように生産されているのかといった素朴な疑問を引き出し，生徒の知的好奇心をくすぐりましょう。

(1) グレートプレーンズのフィードロット

コロラド州での牛肉生産を取り上げた NHK の学校放送番組を見ます。牛肉生産は，かつてはコーンベルトに近い地域が中心でしたが，今やグレートプレーンズが約 2/3 を占めています。ロッキー山麓で子牛を放牧し，その後，フィードロット（意味を辞書で調べさせます）で計画的に「肥育」します。こうして，日本人が好む霜降り牛肉が「生産」されます。

まずコロラド州について地図でわかることを問います。西にロッキー山脈が南北に連なり，東にグレートプレーンズ（大平原）が広がっています。牧畜には向いていそうです。しかし，気候は乾燥しています。えさのとうもろこしはどうするのでしょう？

(2) 円形農場を読み解く

そこで，飼料を生産している円形農場の景観写真を見せます。生徒は奇妙な景観に関心を持ちますので，疑問を引き出します。なぜ円形なのだろう。何を栽培しているのだろう。なぜ色が違うのだろう。畑の大きさはどのくらいなのだろう。円形の隅っこはどうするのだろう，などたくさん出ます。次に巨大なセンターピボットからの散水を動画で見ます。その長さは？　今度は地図（図 1-2）の出番！　地図で直径を測ると 800 m！　それってどういう長さ？　身近な距離と比べると，えっ！思わず声が上がります。地図から，とうもろこしやアルファルファといった飼料が栽培されていること，近くにフィードロットがあることなどを読み取ります。肝心の

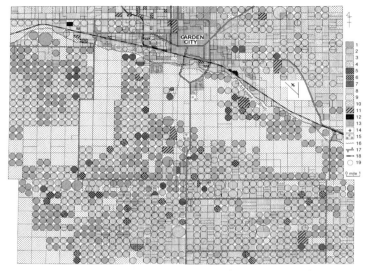

図 1-2 カンザス州フィニー郡南部の土地利用
出典：矢ケ﨑典隆・斎藤功・菅野峰明編著（2003）：『アメリカ大平原
―食糧基地の形成と持続性―』古今書院（2006 年に増補版）.

　水はどこから？　地図では水路はありません。地下水？　それは乾燥地域にあるの？　コロラド州の地図を見ると，西に高山が連なるロッキー山脈が…。そう，高い山々に降った雨や雪が数千年たまったオガララ帯水層と呼ばれる豊富な地下水脈があるのです。
　たくさん水を使ってなくならないの？　という疑問を引き出しましょう。地下水は有限で，枯渇してしまった井戸もあります（近年は節水型装置が登場したり地下水利用を規制したりしています）。
　小麦や米についても，収穫の景観写真から，農地が広大であること，大型機械を使って，少ない人手で生産性を上げていることをとらえます。なお，「広大」という形容詞ではなく，1 戸当たり平均農地面積（カンザス 312 ha，サウスダコタ 565 ha：2016 年）という具体的な数値で，また，コンバインの大きさがわかるような写真を示したいものです。なお，小麦の栽培地域は南北に伸びているので，収穫時期が異なることを利用して，南から北へ約 1500 km にわたって収穫作業を行う専門業者もいます。

表 1-3　第 2 時「牛肉の肥育」の展開

本時の目標：① USA の農業の特色を理解するとともに，課題があることに気づく。
　　　　　　②地図や景観写真などから，USA の農業の特色を読み取り，実感する。

学習内容	学習活動	資料
牛肉の生産	・フィードロットでの肥育に関心を高める。 ・コロラド州について，地図で読み解く。	T：フィードロット M：USA 一般図
円形の灌漑農場	乾燥地域でどうやって大量の飼料を 生産しているのだろう？	P：円形農場の景観写真
	・円形農場について疑問を挙げる。 ・センターピボットのようすをとらえる。 ・水をどのように得ているかとらえる。	M：円形農場の土地利用 T：センターピボット
小麦・米の生産	・大農法で生産費を下げていることをとらえる。	P：小麦・米の収穫
大農法の問題点	・大農法の問題点をとらえる。	T：大農法の問題点
農産物の輸入	・改めて農産物の輸入について考える。	

（3）大規模農業は持続可能か？

　大規模農業の問題点に気付き始めたところで，番組の続きを見て，①大型機械を使うために防風林を切ったため，表土が流失していること，②化学肥料や農薬の大量使用によって，地下水や土壌が汚染されていること，③効率を高めるためにバイオテクノロジーを駆使した研究開発が重要となり，アグリビジネスと呼ばれる巨大企業が種子や農薬などで USA の農業を支配するようになって家族農場が衰退したこと，④近年，有機農業などの環境保全型農業が広がり始めたことをとらえます。

　最後に，日本が USA から農産物を大量に輸入していることについて，生産のために必要な大量の水を私たちが消費していること(ヴァーチャル・ウォーター)や輸入の際に二酸化炭素を大量に消費していること[4]にも注目して，改めて考えてもらいましょう（図 7-5：p.133 参照）。

　このように，大規模農業について，その恩恵を受けている当事者意識をもって，そのメリットとデメリットの両面をとらえさせます。

4. 第3時「めざせ，USA！」

（1）果樹園の労働者

　穀物と違い，果物の多くは大型機械では収穫できません。では，どうし

て日本でも生産できる柑橘類を安く輸入できるのでしょう？

　果樹園での収穫の様子を写した景観写真を見ます。畑は広いですが，穀物畑と違い，働いている人がたくさんいます。その人々をズームアップ！おや～，顔つきから「アメリカ人」には見えません。外国人労働者ではという発言が出ます。ヒスパニックのようです。ちなみにカリフォルニアの園芸農業は，19世紀末は中国人，その後，日本人が支えていました。

　次に不法移民について取り上げた番組を見ます。なぜUSAに働きに行こうとするのでしょう？　考える視点を考えます。メキシコの問題とUSAのメリット，つまりプッシュとプルの要因を考えればよいです。予想として，プッシュについては，メキシコが貧しく，職が少ないことなどが，プルについては安く雇えるといったことが出ます。メキシコの一人当たり国民総所得を調べると（地図帳に掲載），USAの1/5以下で，第一次産業人口比率は1割を超えています。地図を見ると，メキシコは高原が広がり，乾燥していて，農業には有利ではありません。

（2）USAとメキシコの国境〜南北問題の象徴〜

　USAのエルパソとメキシコのシウダーフアレスの間の米墨国境の景観写真を見ると，アメリカ側とメキシコ側とでは建物などがあまりにも対照的です。経済的な裕かさと貧困がこれほど隣り合っている地域は稀です。メキシコ側から見ればUSAは羨望の的でしょう。米墨国境には，ツインシティと呼ばれる隣り合う町がいくつか見られます。TVによく映るサンディエゴとティファナのほか，ラレドとヌエボラレド（「ヌエボ」とはスペイン語で「新しい」という意味で，メキシコ側に新しく町ができたことがわかります）などがあります。

　逆にUSAの工場がメキシコに多く進出していることを示します。

（3）USAの工業と地域変化

　USAの企業には，メキシコだけではなく日本や世界各地に進出している多国籍企業が多いことを示します。USAの工業について，五大湖沿岸で重工業が発達したこと，それは資源が豊富で水運を利用できること，技

10

表 1-4　第 3 時「めざせ，USA ！」の展開

本時の目標：USA に中央アメリカ・カリブ海諸国から多くの移民が行く背景を，
それぞれの国の状況を踏まえて理解する。

学習内容	学習活動	資料
果樹園労働者	・果樹を安く輸入できる理由を予想する。 ・景観写真の読み取り→外国人労働者	P：オレンジ農園の景観
移民労働	・不法移民の流入をとらえる。	T：不法移民
	なぜメキシコから USA に働きに行くのか？	
メキシコと USA	・考える視点（プッシュとプル） ・メキシコの産業・所得について調べる。 → USA と対比する ・メキシコは高地が多く，乾燥している。	S：メキシコの産業別人口，一人当たり総所得 M：メキシコ
米墨国境 （NAFTA）	・国境付近の両国の違いを読み取る。 （・USA の工場が進出した理由を考える。）	P：米墨国境付近の景観
USA の工業と変化	・工業，特に先端産業の力をとらえる。 ・多国籍企業の意味をとらえる。 ・工業地域の変化をとらえる。	S：ソフトウェア売上高 M：多国籍企業 A の進出地域 M：USA の工業地域
シリコンバレー	・アジア系労働者が多いことに注目する。	S：シリコンバレーの労働者

術革新を進め，大量生産によって製品を世界各地に輸出したこと，しかし，工業の中心地がサンベルトに移り [5]，五大湖沿岸地域が衰退していること（ラストベルト Rust Belt ＝さびついた地域と呼ばれ，トランプ大統領の支持率が高い）をかんたんにとらえます。半導体やソフトウェアの売上高で世界上位を占める情報技術産業が集まるシリコンバレーでは，アジアをはじめ世界各地から研究者が集まっていることに気づかせます。

5. 第4時「アメリカンドリーム」

（1）移民の歴史

　USA の学校の教室の写真を見ると，子どもたちの肌の色は様々。黒板の上に星条旗があり，朝礼などで敬礼，宣誓します。世界各地から移民が集まった多民族国家 USA では国旗・国歌は国民統合の象徴です。

　移民の出身地別割合の変化を示す図から，かつては大半がヨーロッパか

らでしたが，今日ではヒスパニックやアジア系が多くを占めていることを読み取ります。地図帳でニューヨークの地図を見ると，「リトル～」とか「～人街」といった各民族の集住地区があることがわかります。そして，それぞれの民族料理店が見られるなど，各地からの移民がそれぞれの文化を持ってきていること，そうしたなかで，アフリカの音楽とヨーロッパの音楽が混ざったジャズなどの新しい文化が生まれたことをとらえます。

（2）民族による居住地の違い

マイノリティの分布を，開拓の歴史と領土の拡大を踏まえて読み解きます（図1-3）。先住民が乾燥した山岳地に多いのは開拓民に追われた歴史的背景，アフリカ系が南部に多いのは南部の綿花地帯で必要な労働力として連れてこられた歴史的背景から，それぞれとらえます。ヒスパニックは出身地に近い南西部やフロリダ州に多く，ロサンゼルスではヒスパニックが約半数を占めるようになりました。

次に都市規模でみると，ロサンゼルスの民族分布図から，白人系は郊外に，アフリカ系やヒスパニックは都心周辺に多いことを読み取ります[6]。その背景として，表1-5から所得などの格差があること，人種差別がみら

図1-3 人種・民族別居住分布
出典：辰己勝・辰己眞知子（2012）：『図説 世界の地誌』（古今書院）p.111（一部割愛）. 2016年に改訂版.

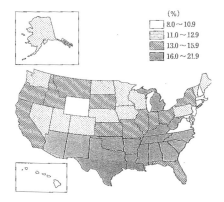

図 1-4 州別に見た法定貧困水準以下の人口の割合（**2009 年**）

出典：二村太郎（2011）：豊かな国の不平等と貧困．矢ケ﨑典隆編『アメリカ 世界地誌シリーズ 4』朝倉書店, p.118.

表 1-5　人種別にみたアメリカ合衆国の所得・貧困率・学歴の違い

	白人	黒人	アジア系	ヒスパニック系	合衆国平均
世帯当たりの収入中間値（ドル）　2017 年	68,145	40,258	81,331	50,486	61,372
法定貧困水準以下の人口（％）　2017 年	8.7	21.2	10.0	18.3	12.3
大学卒以上の学歴保有者（％）　2018 年	38.8	25.2	56.5	18.3	35.0

「白人」はヒスパニックを除いた数値。
U.S. Census Bureau より作成。https://www.census.gov/（2019/7/4 閲覧）

表 1-6　第 4 時「アメリカン・ドリーム」の展開

本時の目標：民族分布図などを通して，多民族社会 USA の歴史的背景と変化，課題をとらえる。

学習内容	学習活動	資料
多民族社会	・様々な民族の子どもがいる。星条旗がある。 ・夢を持って移民してきたことをとらえる。	P：教室の写真 T：市民権獲得の宣誓式
移民の歴史	・最近は，中南米やアジアからが多い。 ・ロサンゼルスではヒスパニックが過半数になった。	S：移民の出身地の変化 S：L.A. の民族構成の変化
民族別集住	・大都市のエスニックタウンをとらえる。	M：ニューヨーク P：エスニックタウン
文化の融合	・ジャズなど異文化が交わった例を知る。	T：ジャズ
民族別分布	**民族によって分布が違うのはなぜだろう？**	
人種差別	・ヒスパニックやアフリカ系などの分布を読み解く。 ・奴隷として連れてこられたアフリカ系への差別や先住民への影響をとらえる。	M：USA の民族別分布 M：領土の拡大
民族別格差	・都市内の白人とアフリカ系の分布の違いをつかむ。 ・所得などが民族によって大きく違う。 ・貧困家庭がアフリカ系が多い南部に特に見られる。	M：L.A. の民族分布 S：民族別所得・学歴等 M：貧困家庭の分布

＊ L.A. はロサンゼルスの略称。

れることをとらえます。また，図 1-4 から南部で貧しい家庭が多いこと，そこはアフリカ系が多いことを読み解きます。2008 年に南部を襲ったハリケーンで亡くなったのは，自動車がなく，逃げ遅れた貧しい人々でした。

6. 第5時「プール付き住宅」

（1）ディズニーランドとハリウッド

　ロサンゼルスには，ディズニーランドとハリウッドあります。なぜロサンゼルスが選ばれたのでしょう？　テーマパークや映画撮影所はどういう場所が適しますか？　晴天が多い温暖なところがよいですね。ロサンゼルスの気候を調べると，地中海性気候で，夏は雨がほとんど降らず，冬でも平均気温が 15℃近くと，東京の春のようです。ヤシも育つ温暖なカリフォルニア州は退職者の住宅地として人気が高いです。

（2）郊外住宅地と自動車

　郊外の住宅地を見ると，広い敷地に大きな家，プールがある家も！　垣根のない前庭が続き，緑がきれいです。自動車が 2 台はあります。近くにお店はありません。買い物は大きなショッピングモールに自動車で行きます。駐車場の広さにびっくり！　まとめ買いをするので，冷蔵庫はとても大きいです。通学用の黄色いバスが目に付くのは，色もさることながら，学校が遠いので，多くの子どもがバスを利用するからです。そう，郊外では自動車は必需品なのです。子どもたちが友達の家へ遊びに行くのは容易ではないでしょう。通勤は都心へ自動車で行きますが，片側 4 車線もあるようなフリーウエイ（通行無料）でも渋滞がひどいです。

　ではなぜ郊外に住むのでしょうか？　都心は自然環境が悪いうえ，前の時間に学習したように，貧しい非白人が多いです。第一次世界大戦後，流れ作業などによって自動車の価格が下がり，フリーウェイが整備されると，白人は都心を忌避して，郊外に移りました。白人が去った都心周辺の住宅は，貧しい複数家族でシェアされて，修繕もままならずスラム化し，治安も悪化しました。こうして，都心周辺と郊外の格差が歴然となりました。

（3）大量生産・大量消費・大量廃棄

　こうした郊外住宅地に問題はないでしょうか？　自動車社会ですから，大気汚染や交通事故，エネルギー消費量が多いことが予想できます。統計を見ると，石炭や原油の産出量は世界有数ですが，原油輸入量は世界最大です。それはどういうこと？　そう，たくさん使っているからです。日米の一人当たり消費量を，面倒でも計算してもらうと，驚きは大きいです。日本の2倍近く消費しています。USAが進めてきた大量生産は大量消費を促し，大量廃棄をもたらしました[7]。乾燥しているロサンゼルスには大きな川もないため，水を遠く200kmも離れた山地から引いてきます。

（4）発展の程度

　単元のまとめとして，USAはどの程度発展している国か，すばらしい点は何か，自分の考えを根拠とともに書きます。それをグループで見せ合うと，いろいろな考えに出会えます。多くの生徒は優れていると思う面と課題の両方を書きます。授業前に同じ調査をした時は一面的な意見も少な

表 1-7　第 5 時「プール付き住宅」の展開

本時の目標：①USAの郊外住宅地の特色と課題をとらえる。
　　　　　　②USAの発展の度合いについて，自分なりの考えをまとめる。

学習内容	学習活動	資　料
L.A.の観光	・ハリウッドとディズニーランドが立地した理由を予想する。→気候を調べる。	P：ハリウッド S：L.A.の気候
裕福な郊外住宅地	・郊外住宅地のようすをとらえる。	P：郊外住宅地の景観
自動車社会	・巨大なショッピングモールやフリーウェイを見て，自動車社会であることをつかむ。	P：ショッピングモール P：フリーウエイの景観
	人々は住宅をなぜ郊外に選んだのだろう？	
都心と郊外	・郊外と都心部を対比して予想する。	
	・郊外に住むために必要なものは何か考える。	
L.A.の民族	・都心周辺のスラム化をとらえる。	P：スラムの景観
郊外住宅地の問題	**便利で豊かな生活に問題はないのだろうか？**	
	・エコでない ← エネルギー消費量が多い。	S：原油産出量・輸入量
	・水不足 ← 乾燥，大きな川がない。	P：山地からの導水路
単元のまとめ	＊USAはどの程度発展しているか，自分の考えをまとめる。（グループやクラスで意見交換）	

くなかったので，本単元を通して多面的・多角的にとらえるようになった
と言えます。USA のすばらしい点としては経済発展が多いですが，かつ
て国立公園を取り上げた時は，それが経済発展に次いで挙げられました。

7. 楽しく学びがいのある地理授業

（1）地理は親しみやすい～地理教材の特長～

　本単元のように地理では，地図，景観写真，動画を多く活用できます。
これらは視覚に訴え，生徒の関心を惹きやすく，わかりやすいという利点
があります。地理学専攻学生が模擬授業で Google Earth を使って，円形農
場をズームアップしたり，その面積を身近な地域と比較したりした時，受
講生が思わずうなりました。生徒はこれらの資料から様々な発見や読み解
きをできます。各生徒の発見，着眼点の良さを誉めましょう。視覚に障害
のある生徒への配慮を忘れずに。さらに，統計の具体的な数値は，実感を
得させてくれます。

　これは具体的な地域におけるフィールドワークを基本とする地理ならで
はの特長で，その帰納的な思考過程は生徒の思考になじみやすいです。

（2）地理は興味深い～地理の学習内容～

　本単元では，USA が自分たちの生活と大きく関わっていることに気づ
かせるとともに，経済発展や豊かさなどについて，地理的な手法，見方・
考え方を使って多面的・多角的に考察しました。地理教育の意味の一端が
お分かりいただけたのではないでしょうか。

　従来，例えば USA の農業では結果的に農業地域区分図を覚えさせるこ
とに終始し，適地適作の背景にある肝心の効率重視の農業生産が軽視され
るきらいがありました。つまり，結果をとらえることに重点が置かれ，そ
の根本的な背景の理解に迫っていないのです。

（3）地域から学ぶ～「人の振り見て我が振り直せ」～

　人は他の地域の文化から多く学び，文化を発展させてきました。また，

他の地域に出かけて，その良さや課題を目にして，自分の住む地域を相対化し，また，地域が抱える諸課題の解決に役立ててきました。地理学者は様々な地域に出かけてフィールドワークを積み重ねます。そこで得られる知見を，つまり，ほかの地域からの学びを通して，自分の社会や生活を見直すところに，生徒が地理を学ぶ教育的意義があり，生徒は地理学習に学びがいを感じるはずです。また，その姿勢は他者を尊重し，他者から学ぼうという姿勢を育てるはずです。

注
1) 農産物の生産・輸出を見ると，中国は生産量は多いが輸出量は少ないこと，オーストラリアは生産量は少ないが輸出量は多いことがわかり，人口の違いによる消費量の差のほか，USA やオーストラリアでは輸出用生産がさかんなことがわかります。なお，地理学者の矢ケ﨑典隆氏は，余剰農産物が海外援助に向けられ，現地の伝統的農業の衰退が起きると述べています（矢ケ﨑典隆（2011）：農業地域の形成と食料生産，矢ケ﨑典隆編『アメリカ』（世界地誌シリーズ 4）朝倉書店．pp.57-72.）。
2) 矢ケ﨑氏は，USA は北緯 37 度線と西経 100 度線によって，北東部，南東部，北西部，南西部という 4 地域に区分でき，開発の歴史的過程，人種民族構成，産業，社会と文化などの点で地域性が顕著であると述べています（矢ケ﨑典隆（2001）：アメリカを調べる視点．地理 46-10．p.32）。なお，北緯 37 度線は，ユタ州〜カンザス州とアリゾナ州〜オクラホマ州の長〜い州境線に当たります。
3) 水野一晴（2018）：『世界がわかる地理学入門―気候・地形・動植物と人間生活』ちくま新書 p.50. は，各種農作物の生育条件を一枚の図にまとめていて，便利です。
4) 遠い地域からの輸入には大量のエネルギーが消費されます。食料輸送量×輸送距離で計算する「フード・マイレージ」（t・km）という数値があり，環境への負荷を示します。日本は断トツの世界一で，一人当たりでも 1 位です。
5) 工業が移ったのはサンベルトの中でもカリフォルニア州のほか，大都市など一部の地域であり，貧困率が南部では高いことに気を付ける必要があります。
6) 中学校用地図帳は，現時点では帝国書院と東京書籍が発行しています。ニューヨークの地図は両社とも掲載しています。民族分布については，国家規模では帝国書院に，都市規模ではロサンゼルスが東京書籍に掲載されています。教材研究では，両方を見ることをお勧めします。
7) 「エコロジカル・フットプリント」という人間が暮らすのに必要な土地面積を基にした指標があります。これによると，地球の許容量は一人当たり 1.8 ha だそうです。しかし，日本のエコロジカル・フットプリントは 4.3 ha で，世界中の人々が日本人のような暮らしをしたら，地球が $4.3 \div 1.8 = 2.4$ 個必要です。ちなみに USA は 9.5 ha で，地球が 5.3 個も必要となります（NPO 法人エコロジカル・フットプリント・ジャパンのホームページ参照）。

コラム1　私の実践例①

地図と景観写真から読み解く
ニューヨークの発展

　ニューヨークと言えば摩天楼が連想されます。102階建て，高さ381mのエンパイア・ステート・ビルは，なんと1931年，日本では満州事変が起きた年に完工しています。ニューヨークはマンハッタン島という細長い島に発達し，多くの企業が集中したため，また，地震もなく，高層化が進んだのでしょう。広大なセントラル・パークをつくったのは先見の明がありました。ところで，なぜこの島に産業が集中したのでしょうか？

　それを解くカギは景観写真と地図から得られます。マンハッタン島の地図や景観写真を見ると，川岸に埠頭がたくさん突き出ています。景観写真を見ると，埠頭に止まっている船舶が大きいことに気づきます。大きな船舶はハドソン川にも多数見られます。2001年，ハイジャックされた航空機が突っ込んで崩れ落ちた世界貿易センタービルという名前に象徴されるように，この町は貿易で発展したのです。

　大陸の川は，日本の川と違って，流れが緩やかで，船が航行しやすいです。地図でハドソン川を遡ってみましょう。どこまで行けますか。カナダ国境付近まで行かないで，途中のニューヨーク州の州都オールバニから西へ通じる運河をたどると，五大湖の一つエリー湖に，さらに，例えばミシガン湖岸のシカゴなどに行けます！ この運河（エリー運河）は全長584kmで，なんと1825年に開通しています。これで，五大湖沿岸と大西洋が結ばれ，五大湖沿岸の農産物・鉱産資源・工業製品がニューヨーク経由でヨーロッパなどに輸出できるようになりました。大量生産の実現には，多くの消費者が必要です。この運河の開通が五大湖沿岸の工業や農業の発展，そしてニューヨークの発展につながったのです。五大湖では日本ではあり得ない大型船舶が航行しています。USAは後にパナマ運河も建設しました。

　いかがですか？　地図や景観写真を使って，これだけの学びができます。これで，生徒もガッテン！ガッテン！

18

第2章　地理教育の役割〜平和学習〜
── 「世界各地の人々の生活と環境」を例に ──

> 戦争は人の心の中で生まれるものであるから，
> 人の心の中に平和のとりでを築かなければならない。
> 相互の風習と生活を知らないことは，
> 人類の歴史を通じて世界の諸人民の間に
> 疑惑と不信を起こした共通の原因であり，
> この疑惑と不信の為に，諸人民の不一致が
> あまりにもしばしば戦争となった。
>
> ユネスコ憲章前文

【本章のねらい】

　かつて埼玉県所沢市にユネスコ村があり，オランダの風車のほか，世界各地の住居などが展示されていました。世界には様々な建物があるんだなあと感心したことを覚えています。世界の多様性を子どもなりに実感できる施設でした。

　上記の出だしの一文は，あまりにも有名で素晴らしい言葉です。その次の「相互の風習と生活」を知ることの意味に注目すべきです。続いて，第二次世界大戦は「無知と偏見を通じて人種の不平等という教養を広めることによって可能にされた戦争であった。」，教育は「すべての国民が相互の援助及び相互の関心の精神を持って，果たさなければならない神聖な義務である。」と述べています。

　地理を学ぶ意義はここに求められます。ほかの地域の人々の営みについて，自分の価値尺度ではなく，その地域の枠組みでとらえようとする姿勢は，平和につながるはずです。地誌学に取り組む矢ケ﨑典隆氏も「多様で複雑な世界を総合的に理解するための知識と方法を提供することによって，地誌学は究極的には世界の平和に貢献することができる。」（『地誌学概論』（朝倉書店，2007年，p.1）と述べています。

19

1. 「世界各地の人々の生活と環境」の単元構想

（1）世界各地の人々の生活を学ぶ意義

　世界には様々な生活様式がみられます。ポリネシアでは，樹皮で作った
ふんどし・腰布（タパ）のみ着用していました。かつてヨーロッパ諸国が
オセアニアの島を植民地化した時，島の人々の身なりが下品だとして，ヨー
ロッパ風の衣服を強制したそうです。高温多湿の気候に合わない服装は，
島民の体温調節機能や肺炎などの病気に対する抵抗力を損なう結果となり
ました[1]。それぞれの地域はそれぞれの環境に適した合理的な暮らしを営
んできたのです。地理の勉強不足！

　この話は決して他人事ではありません。蒸し暑～い東京の夏，駅のホー
ムで，背広にネクタイ姿の人たちが，汗を流し，うちわをあおいでいます。
クーラーがガンガンに効いた電車に乗るとホッとします。かつてのオセア
ニアの島の再現のようです。「クールビズ」は当然です。一方，女性社員
は軽装で，デパートの案内係や銀行の窓口の女性には半袖が多く，冷房を
利かしている電車内は寒くてショールが重宝します。軽装の女性には冷房
は困りものですし，エネルギーの無駄です！　学校は衣更えという伝統を
守っています。そんな学校にもエアコンが入り，夏休みが短くなりつつあ
りますが……。

　この単元では，私は伝統的な暮らしを営む生活をよく取り上げてきまし
た。例えば遊牧民が家畜のフンを拾い集め，それを燃料として調理する光
景に，生徒は唖然としました。しかし，さばくではフンはすぐに乾くので，
手で拾え，臭くないのです。資源の乏しい乾燥地域では，人々は家畜の恩
恵を最大限に活かして暮らしてきました。伝統的な暮らしには知恵をいっ
ぱい発見できて，人間ってすごいなと感じます。こうした伝統的な暮らし
は大きく変化し，特に都市部では「欧米化」が進んでいます。それが良い
ことかどうかは別ですが。

　この単元は生徒の関心を高めやすいです。景観写真を使って，なぜ？
と追究してもらいましょう。

（2）グループ発表学習による単元構成

　教科書は興味をそそるような景観写真が多く，生徒の関心を高めやすいです。また，多くの事例を取り上げています。事例を積み重ねて，概念的な知識を導くという地理の典型的な手法が活かせます。個々の知識を覚える必要はなく，生徒主体の学習に向いています。しかし，任せっ放しでは伝統料理や民族服の紹介で終始しかねません。そこで，最初に事例を通して地理的な見方や考え方を用いた考察の方法を指導します。それを踏まえて，他の地域を生徒たちがグループで分担して調べ，発表します。発表学習については，調べたことの定着率は高いが，他のグループが発表した内容の定着率は低いなどと言われます。しかし，何を定着させるべきなのでしょう。教科書が取り上げている地域事例は，各社共通ではありません。重要なのは各事例地域の個別的な知識ではなく，概念的な知識です。

　発表する生徒には，聞き手が納得できるような発表を心がけさせます。どうすればよいでしょう。それは授業と同じです。単に事実を述べるのではなく，具体的な資料を基にして説明することが基本です。一方，聞き手には，自分が調べた地域と比べて聞き，共通点に注目させます。全部の発表が終わった後のまとめは概念的な知識をとらえる重要な場で，「地方的特殊性と一般的共通性」をとらえます。各発表に共通して見られたことをとらえ，また，自分たちが調べた地域の特色を改めてとらえ直します。

　生徒は最初から上手に発表できるわけではありません。生徒は友達の発表を通して，どうすればわかりやすい発表になるか学んでいきます。それこそ学校ならではの学びです。経験を重ねていくなかで，プレゼンテーション力が身に付いていきます。

単元構成	
第1次	事例地域の学習：エジプトの生活と環境（2時間）
第2次	グループ発表学習（7時間）
	（調査2時間，発表3時間，まとめ：気候と宗教：各1時間）
第3次	生活の画一化と伝統的な暮らし（1時間）

2. 第1次の第1時「エジプトの衣服と住居」

（1）最高気温記録はどこで？

　世界各地のなかでも，日本の気候と対照的な乾燥地域はわかりにくいです。敢えてわかりにくい地域から始めて，なぞ解きを楽しみます。

　授業は5月。これから暑い夏が来るねと言って，世界で最も高い気温が観測されたのはどこだろうと尋ねます。生徒は赤道付近だろうと予想します。表2-1を見ると中東諸国が多いことがわかり，え〜っ！　バスラ，モヘンジョ＝ダロ，ジッダは地図帳にも出ているので，位置を調べましょう。回帰線に近く，さばくが広がっています。観測日は夏至から1か月前後で，太陽が真上から照りつける時期です。月平均気温を調べると，例えばリヤド（サウジアラビア）では7月に36.6℃もあります。7月の降水量はなんと0.0 mm！　最高気温は43℃近くに上がり，お風呂の温度よりも高い！

（2）暑いのに全身を覆うの？　〜乾燥地域の服装〜

　中東の男性の服装を問うと，全身を白い服で覆うという反応が返ってきます。実際の服装を示します。正解！　白は光を反射するからわかりますが，熱い時は脱ぐのが日本の常識。なぜ全身を覆うの？　すると，日焼けを防

表 2-1　世界最高気温トップ 10

順位	観測地点名	国	気温（℃）	観測日
（1）	ファーニスクリーク（デスバレー）	アメリカ合衆国	56.7	1913. 7.10
（2）	ケビリ	チュニジア	55	1931. 7. 7
（3）	ティラットツヴィ	イスラエル	54	1942. 6.21
3	ミトリーバ	クウェート	54.0	2016. 7.21
3	アフヴァーズ	イラン	54	2017. 6.29
6	バスラ	イラク	53.9	2016. 7.22
7	モヘンジョ＝ダロ	パキスタン	53.5	2010. 5.26
7	トゥルバット	パキスタン	53.5	2017. 5.28
9	アルジャジーラボーダーゲート	アラブ首長国連邦	52.1	2002. 7.
10	メヒカリ	メキシコ	52	1995. 7.28
10	ジッダ	サウジアラビア	52	2010. 6.23

　世界気象機関 WMO ほかより荒井作成。
　注：アミ掛けで示した古い観測値（上位3か所）は信頼性が定かではなく，ミトリーバ
　　　の記録が信頼できる世界最高気温とされている。

ぐためという予想が出ます。乾燥地域では強い日差しや砂ぼこりを避けるため，全身を覆うのです。日本の常識は世界には通じない！

(3) 景観写真から読み解く乾燥地域の住居

　小学校でサウジアラビアがよく取り上げられていますので，エジプトを事例としました。村の景観写真[2]を見て，住居の特色を読み解きます。まず個人でわかったことを列挙し，それをグループで出し合い，最後に学級全体で考察するという展開です。

　屋根が平らなのは雨が少ないから。アスワン（エジプト）の年降水量を調べると3.1mmしかありません。周りに木が一本もなく，土も赤茶けていて，乾いた感じ。洗濯物はあっという間に乾くだろうね。窓が小さく，よろい戸のようになっているのは衣服の場合と同じ理由。材料はレンガ？土をこねて固めて，太陽の熱にさらした日干し煉瓦を積み重ねてつくっている様子をビデオで見ます。粘土を使うのは，写真にも見られないように，木々が近くにないから。壁は厚く，熱風を防ぎます。暑い昼は窓を閉めよ。日本の常識は通じません。

表2-2　第1時「エジプトの人々の衣服と住居」の展開

本時の目標：乾燥地域では，強い日差しと砂埃を防ぐ工夫が見られることを，
　　　　　　景観写真と気候の統計から読み解く。

学習内容	学習活動	資料
最高気温記録地	・回帰線付近のさばくで観測されている！ ・さばくでは夏の平均気温がとても高い。	S：世界最高気温記録 S：アスワンの気候
エジプトの衣服	・知っていることを発表する。 ・全身をおおう理由を考える。	P：男性の服装
エジプトの民家	**民家にはどんな特徴があるだろうか？ それはなぜだろうか？**	P：民家
	・最初は個人で，次にグループで特徴を考える。 ・それぞれの特徴が見られる理由を考える。 　（ヒント：日本の家と比べる。）	S：アスワンの気候
植生の乏しさ	・付近に植物が見られないことをとらえる。 ・学級全体で整理する。	
日干しレンガ	・材料の作り方，建築のようすをとらえる。 ・旅行記から乾燥地域のようすをとらえる。	T：日干しレンガ作り ・旅行記

3. 第1次の第2時「エジプトの食事と宗教」

(1) エジプトの食事

　何もないさばくで，いったい何を食べているの？　エジプトではないの
ですが，お隣のアラビア半島の遊牧民の暮らしを取り上げた番組を見ます。
短い草が生えていること，近くに水場があるところにテントを張り，家畜
から衣食住に必要なものを得ていること，農耕ができるオアシスの村に
行って，その農産物を畜産物や家畜と物々交換することをとらえます。遊
牧民は，水と牧草を求めて，気まぐれではなく，定期的に同じルートをた
どって，家畜を連れて移動します。家畜が牧草を食べ尽くす前に移動しま
す。さもないと，牧草は再生しません。持続的な生き方です。今日では，
定住化政策などのため，遊牧は少なくなったことを述べます。

　パン（小麦はメソポタミア地方が原産）は日本とは違って，薄くのばし
て，かまどの側面に貼り付けて焼きます。遊牧民は強い日差しに当てて熱
くなった石の上で焼きます。燃料には家畜のフンも使います。家畜の乳を
使ってバターやヨーグルトをつくります。そうすれば長持ちできます。お
祝いの時や旅人が来た時は羊肉をふるまうそうです。でも，お酒や豚肉は
出ません。なぜ？　宗教で決まっているという発言が出ますが，弱い火力
では豚肉はよく焼けないので危ないとか（確かに豚のレアはない！），さ
ばくで酔っ払ったらたいへんといった予想も出ます。生徒は柔軟です。

(2) イスラームと結びついた食事

　そこで，イスラームとの関わりをとらえます。豚肉を食べない，年に1
か月の断食に，あり得ない！といった反応が返ります。教科書を読むと，
1日に5回も礼拝するなど，面倒とか堅苦しい宗教という印象を受けやす
いです。でも，資料から，この宗教を信仰する人は，世界総人口の2割以
上，つまり十数億人もいることがわかります。そんなに多くの人が信仰し
ているのですから，私たちが思うほど面倒ではないのかもしれません。い
や，むしろ魅力があるのかもしれません。1日に5回も神様に向かってい
たら，悪いことはできないでしょうね。日本の常識で考えてはいけません。

イスラームは，仕事の都合などでお祈りできなかった場合などは，後で
お祈りすればよいなど無理を強いてはおらず，寛容です。断食についても，
例えば妊婦や病人，子ども，高齢者に無理を強いてはいません。イスラー
ムは人間性弱説に立っており，人間は誘惑に弱いので，きまりを守ること
で神に救われるという考えのようです。女性が肌や頭髪を隠すのは，弱い
男たちを惑わせないためといいますが，気候に適しているともとらえられ
ます。ムスリム（イスラームを信仰している人）はこうした習慣をどう考
えているのでしょうか（コラム9：p.104参照）。

　エンディングはリヤド（サウジアラビア）の夜景。どこにある？　さば
くの真ん中！うっそ〜！オアシスに発達した都市で，アラビア語で「庭園」
を意味します。生徒のさばくに対するイメージを揺さぶって終わります。

表2-3　第2時「エジプトの人々の食事」の展開

本時の目標：乾燥地域でムスリムが多い地域の食生活の特徴を，気候
と宗教とからとらえる。

学習内容	学習活動	資料
遊牧民の暮らし	・衣食住と家畜のつながりをとらえる。 ・麦はオアシスから得る。パンの違いに注目。 ・遊牧について簡単にまとめる。	T：遊牧民の暮らし （P：エジプトのパン）
ムスリムの食事	・豚肉とお酒の禁止，断食に関心を持つ。	・教科書の文章等
イスラームと 日常生活	・食事以外について，イスラームと生活との関わりをとらえる。ムスリム人口の多さをとらえる。 **ムスリムの人は，きまりが多くて， 困らないのだろうか？** ・ムスリムの語りについて思ったことをグループで話し合う。	F：世界の宗教人口 ・ムスリムの語り
大都市リヤド	・さばくの真ん中にある！	P：リヤドの夜景

4．第2次　グループ発表学習

(1) 調べ学習：資料の選択・読み解き

　エジプトの学習に倣って，グループで世界各地の衣食住を分担して調べ
ます。40人学級で，5人8グループとし，資料が得やすいカナダ北部，シ

ベリア，フィジー，イタリア，韓国，インド，アンデス高原，バンコクの 8 地域を選びました。初めての発表なので，発表時間は 10 分程度とし，わかりやすい資料を使って，納得してもらえる発表を心がけます。

教科書や地図帳，そして，司書の先生に用意して頂いた中学生向けの図書を使って適当な写真を選び，気候の統計などを使って読み解きます。発表内容と示す資料を整理し，発表の分担と順番を決めます。

（2）発表：聞き手への指導

書画カメラを使って，地図や景観写真，雨温図，気候の統計等の資料を駆使して発表します。クイズや質問を入れる発表も見られ，先生気分です。メモ用に表を配布し，各地の衣食住の特色とその背景についてキーワードを書き込めるようにします。自分たちが調べた地域と比較して聞き，共通点にはメモに印をつけさせます。提示する資料をよく見て考えてほしいので，たくさん書き込まず，あくまでもメモ程度にするよう指示します。

各発表後，必要に応じてビデオを見せるなどして補足します。

（3）まとめ①：地方的特殊性と一般的共通性を探る

まず自分たちが調べた地域とほかの地域との共通点を出します。例えば住宅の材料や屋根の形，窓の大きさ，食材に着目して，その背景を，気候などに注目して考えます。そして，衣食住の材料が身近に得られるものを使っていることから，気候の影響が見られること，植物が豊富かどうかで材料が異なることなどをとらえます。なお，生活が変化していることもおさえておきましょう。

植物の豊富さに着目したところで，森林の育つ気候とそうでない気候という視点から，5 つの気候帯とその分布を整理します。より細かい気候区については世界の諸地域などの学習で，少しずつ取り上げていってもよいでしょう。一度に学習するとたいへんですし，地域の特色と関連付けて学ぶ方がわかりやすいです。

最後に自分たちが調べた地域について，改めて特色を考えます。また，どういう発表がわかりやすかったか話し合って，次の発表の糧とします。

（4）まとめ②：世界の宗教と人々の暮らし

　本時は宗教との関わりについて、インドやフィジーで見られたヒンドゥー教、タイで取り上げた仏教などに、事例で取り上げたイスラームも加えて、生活との関わりを整理します。

　肉食について、世界各国のマクドナルドのハンバーガーに違いが見られることをとらえるとともに、キリスト教徒や仏教徒にもベジタリアンが多いことなど、宗教の共通性にも気づかせます。

　次に各宗教の分布について、キリスト教がヨーロッパのほかアンデス高原やフィジーにも見られることを踏まえ、世界の宗教分布図を見て、整理します。ムスリムは中東とその周辺で大きな割合を占めていますが、数のうえで最も多い地域は東南アジア〜南アジアです。ムスリムが1億人を超える国は、インドネシア、バングラデシュ、インド、パキスタンです。日本に観光に来るムスリムの多くは東南アジア・南アジアから来ています。宗教の分布図は、一般に各地域で最も多い宗教を示しています。しかし、実数による分布図（図2-1）では、比率で描いた地図と印象が異なります。

図2-1　ムスリムの分布

　出典：J.L. エスポトジ, 山内昌之（監訳）, 井上廣美（訳）(2009)：『イスラーム世界の基礎知識　今知りたいこと94章』. 原図はカラー.

表 2-4　第 9 時「宗教と人々の暮らし」の展開

本時の目標：主な宗教の分布をとらえるとともに，その地域的多様性をとらえ，
一括りでとらえてはいけないことに気づく。

学習内容	学習活動	資料
グループ発表 学習の整理	・宗教との関わりが見られた地域について， 　肉食など，その内容を確認する。	
肉食	・マクドナルドハンバーガーが地域によって 　違うことをとらえる。 ・他の宗教でもベジタリアンが多い。 ・発表のあった地域の宗教を再確認する。	P：各地のハンバーグ
宗教の分布 ムスリムの分布	・主な宗教の分布を大まかにとらえる。 　（三大宗教とヒンドゥー教） ・割合の上からは中東や東南アジア南部で高い。 ・数の上では，アジアの東半分に多い。	F：世界の宗教別人口 M：世界の宗教の分布 M：ムスリムの分布
地域的多様性	・タイと日本の仏教の違いを確認する。 ・地域によるムスリマの被覆度の違いに気づく。	P：タイのお坊さん，お寺 P：様々なムスリマの服装
まとめ	・宗教と生活との関わりについてわかったこ 　とをまとめる。	

　また，同じ仏教といっても，タイの仏教は日本のそれとは違っているこ
とをとらえます。イスラームについても，女性（ムスリマ）の服装の被覆
度が地域によって違うことを写真でとらえます。中央アジアでは洋装もふ
つうに見られます。厳格なサウジアラビアのような国がある一方で，中央
アジア諸国やサヘルなどではお酒も飲むムスリムがいるように，固定的に
とらえてはいけないことをとらえます（コラム 9 参照）。固定的なイメー
ジは偏見を助長しかねません。その是正に，地理学習が役に立ちます。

5. 第 3 次「生活の画一化と伝統的な暮らし」

　本時は生活の変化に焦点を当てます。グローバル化が進み，「洋風」の
衣食住が浸透するなどして，伝統的な暮らしも大きく変わっています。各
地の生活について，自然環境決定論で決めつけないようにするとともに，
固定的に見てはいけないことを理解することが重要です。それと同時に，
「洋風」の生活の良さがある一方，それを「世界標準」などと言って何で

も受容することが良いことなのか，考えさせましょう。

　その格好の材料は日本における「洋風化」，「欧米化」です。既述の男性の背広とネクタイの着用がわかりやすいです。高温多湿の日本の気候には適していませんし，そのために冷房を利かすというのは「エコ」ではありません。本時ではそれを取り上げ，ヨーロッパの気候を日本のそれと対比して考えます。気候の学習としては，同じ温帯でもさらに細かく分けるとよいこと，すなわち，気温だけではなく降水にも注目すべきであること，また，気候に影響を与えている因子を理解させます（表2-5）。

　ロンドンと東京の気候の比較では，雨温図ではなく，気候の統計を使いました。その方が実感を得やすいからです。夏の気温をみると，ロンドンでは東京よりも8℃近く低いです。その気温は東京の何月ごろでしょう？5月です。東京ではさわやかに感じるころで，しかも月降水量は東京の5月の1/3弱です。ロンドンでは夏でも背広とネクタイを着用できそうです。それでもロンドンっ子にとっては夏は夏。レストランはテラス席！皆，軽装で，公園では健康のために水着で日光浴を楽しむ人も見られます。東京でそんなことをしたら疑われてしまいます。

　ヨーロッパの夏の気温が低いのは高緯度に位置しているからです。地図で確認しましょう。地中海地方を除いて，ほぼ北緯45度に位置する北海道稚内市よりも高緯度に位置しています。それでもロンドンは稚内よりも平均気温は高いです。特に冬は風や海流，海からの距離などの影響がより強くあらわれて，その差は大きいです。一方，地中海に南面する地方は，冬でも温暖です。夏の降水量はたいへん少ないため，穀物栽培には適しません。この地域の同じ場所の夏と冬の景観写真を見ると，夏は乾ききっているのに，冬は緑が多く，日本と対照的です。冬に小麦を育てることにガッテン！

　学校で衣更えをするのは理にかなっていますね。学校の上履きには運動靴が多いですが，高温多湿の気候では水虫になりかねず，体育の後などにかかとをつぶす生徒の気持ちはわかります。梅雨時の昇降口は臭いです。ちょっと高価ですが，スポーツサンダルはいかがでしょう。

表 2-5　第 9 時「クールビズ」の学習指導案

本時の目標
・日本の気候は，ヨーロッパと比べて四季が明瞭で，降水量が多いことを，資料を使ってとらえ，衣生活について見直してみる。
・気候には，緯度のほか，風や海流，海からの距離が影響していることをつかむ。

本時の展開

過程	学習内容	生徒の学習活動	資料	指導上の留意点・評価
導入 つかむ	クールビズ スーツとネクタイ	クールビズについて知っていることを発表する。 **ヨーロッパの人たちはスーツにネクタイで困らないのだろうか？** 何を調べたらよいか考える。	オーストラリア人の話（教科書）	・日本には衣更えという習慣があること，夏のスーツとネクタイ着用は合理的とは言えないことを環境問題と絡めて関心を持てたか。
把握	イギリスと日本の気候	イギリスの気候を調べる。 わかったことをまとめる。 グループで確認する。 わかったことを発表する。 （夏の気温が低く少雨，気温・降水量の年較差が少ない） 東京の気候の特色を整理する。	ロンドン，東京，シドニーの気象統計	・日本と比較して考えるとよいこと。 ・具体的な数値を通して，実感させる。
追究	西岸海洋性気候と温暖湿潤気候	**イギリスと東京の気候が違う原因は何だろうか？** 日本の気候の背景を考える（季節風，島国）。 イギリスの気候の背景を考える（緯度，偏西風，暖流）。	日本の夏と冬（地図） 冬のヨーロッパ（地図）	・日本の四季の明瞭さを俳句等と関連づける。 ・小学校での学習成果を生かす。 ・日本の気候と比較して考えようとしているか。
	高緯度地方の夏と冬	公園で日光浴をしていることに関心を持ち，人々の日光への思いを想像する。	日光浴 影の長さ	・高緯度地方での日差しの弱さに気付いたか。
一般化	大陸の東岸と西岸	西岸海洋性気候と温暖湿潤気候の分布の特徴を読みとる。 大陸東岸と西岸の違いを読み取る。	世界の気候（地図） 中緯度各地の1月の平均気温	・緯度と大陸の東岸・西岸に注目できるか。
まとめ	洋風生活の受容	自分たちの衣生活を見直してみる。		・その機能性と環境適応の両面から考える。

6. 平和教育としての地理教育

　地域による生活の違いは環境の違いによることが多く，各地で自然を巧みに利用した知恵が見られます。人間ってすごいなと思いますし，人間がsustainable development を進めてきたことがわかります。

　日本の常識が世界に通じるわけではないこと，そして，各地域の生活などを調べるときはその地域の枠組みで考えなければいけないことを実感することは異文化理解のスタートです。また，違いばかりではなく，共通点，特に自然を生かして暮らしてきたことなどを理解することが大切です。こうして，各地の人々に対する敬意の念を育めば，ユネスコ憲章の理想を実現できるでしょう。

　地域的多様性は地理教育のキーワードです。それがあり，それに惹かれて地理が生まれたとさえ言えます。多様性ってすてきですし，それを学ぶ地理はおもしろく，有意義であることをわかっていただけたでしょうか？

注
1) 別技篤彦（1975）:『服装の地理』玉川大学出版部. pp.148-155.
2) 『体験取材 世界の国ぐに 40 エジプト』ポプラ社（2009 年）.

コラム2 私の実践例② **太平洋の島々の変化**

　太平洋の島々のイメージを尋ねると，温暖，きれいな海，自然が残る，のどか，といった肯定的なイメージが多く挙がりました。そこで，食べ物に困らず，自給自足の生活が続いていた島々が，グローバル化の波にのまれて，生活が変化し，それによって起きている問題を取り上げました[1]。

(1) 美しいサンゴ礁の島のくらし

　ツバルの首都フナフティの写真を見せます。サンゴ礁の島は美しいですが，たいへん細長く，起伏のない，小さな島であることに生徒は驚きます。首都らしい建物は見えず，滑走路が目立ちます。その滑走路でバレーボールをしています！ それはアメリカ軍が日本と戦うために建設したものです。日本軍が9回空爆して，ツバル人が1人亡くなりました。その日は「爆弾の日」という記念日になっていると知り，複雑な空気に……。

　ツバルの位置を調べ，付近に大きな国がないことをとらえます。次に統計で，太平洋島嶼国家の基本的な統計を見て，面積の小ささと人口密度の高さをつかみます。なお，一人当たり国民総所得はアフリカ州ほど低くはないです。貿易額が極端に低いのは隔絶性によりますね。

　人々は何を食べているのでしょう。漁の写真を見て，小舟を使っていることをとらえます。一日分の魚だけ捕るそうです。なぜ大きな船で大量に捕らないのでしょうか？ 生徒は海に出れば捕れる，冷蔵庫がない，人が少ないので商売にならないなどと予想します。網の目が粗いことから，魚がいなくならないように「持続可能な漁業」が行われていることがわかります。そもそもサンゴ礁の海岸は浅瀬なので大きな船は入れません。技術がないわけではないのです。

　サンゴ礁の島は土壌が薄く，雨もすぐしみこんでしまい，農業に不利です。そのような環境でも育つヤシやイモを人々は無駄なく利用しています。このように，現金収入がなくても食べられること，自給自足経済は統計に反映されないことを知ります。

(2) ツバルの生活の変化と出稼ぎ

　写真を見ると，プラスチックごみなどが増えたり，輸入した車が海岸に廃棄されたりして，ごみ問題が深刻です。「国民の7割が自給自足の物々交換を営む

一方で，一部に欧米人のような肉とパンとジャンクフードの食生活を送り，衛星放送を見ながらレンタルビデオやテレビゲームに興じる人々が登場している」[2] ことから，自分たちの生活と変わらないことに驚かされます。ツバルの人たちはこれらの商品をどうやって手に入れているのでしょう？

　政府は外貨の稼ぎ手として優秀な船員を養成してきました。教育熱心で，識字率が高く，平均寿命は域内では低めですが，68歳ですので，アフリカ州よりは長寿です。国旗から旧イギリス植民地であることがわかります。公用語は英語で，近年は，同じ英語圏のニュージーランドやハワイなどへの出稼ぎや移民が増えて，様々な便利な商品を持ち込んでいます。

　大潮の満潮時に島の内側から水が出て洪水になる様子を映像で見ると，海水の浸入で畑がだめになることから，出稼ぎや移民が多いことも頷けます。ツバルでは，島が沈むと心配されていますが，その前に人がいなくなってしまいかねません。

(3) 海外居住者が本国在住者を上回る国・トンガ

　ツバルだけでは一面的ですので，火山島で，面積はやや大きめのトンガを取り上げます。

　トンガ産カボチャを見たことがありますか？　日本の端境期に輸出されますが，トンガの人は食べません。一方，日本はトンガに自動車を輸出していて，車体に日本の幼稚園名が書かれた中古バス[3] も見られます。トンガの人口は，1980年代以降，伸びが小さくなります（表1）。ツバルと同様，ニュージーランドなどに移住する人が増えたからで（表2），ついに海外に居住するトンガ人の方が本国居住者よりも多く（表3），移住者・出稼ぎ者を出している家族は8割に上り，ある村では，送金収入が3割を占めるそうです（表4）。

　都市では，女性の8割近くが肥満だそうで，島嶼部の女性よりもかなり高いです[4]。トンガでも都市部ではコンビーフや魚の缶詰，冷凍食料が輸入され，プラスチックごみなどの自然に帰らないゴミが増えました。また，日本などから輸入した自動車も増えて，使えなくなった車が海岸に廃棄されています。美しい島や海が汚れていること，しかも日本が関わっていることに，生徒は複雑な表情を見せます。

　観光に太平洋の島々へ行く日本人は多いです。島にとって観光が重要な産業になる一方，洋風の文化が流入し，島の生活が大きく変容しています。漁村や農村では生業の豊かさを捨てたくないと思う反面，それだけに依存する生活を望んでいるわけではなく，ジレンマに陥っています。つまり，村では食べ物に困るわけではありませんが，より豊かな生活を求めて，若者を中心に村を離れていきます。これは「途上国」の農村でよく見られます。

表1　トンガの人口	
1881	19,196 人
1900	20,019
1911	21,712
1921	23,759
1931	27,700
1939	34,130
1950	45,050
1956	56,838
1966	77,429
1976	90,085
1986	94,649
1996	97,784
2006	101,991

表2　トンガから ニュージーランド への移住動向	
1966	1,389 人
1971	1,472
1976	3,866
1981	8,982
1986	13,611
1991	23,175
1996	31,389
2001	40,713
2006	50,478

表3　トンガの人口移動（2006 年）

計		105,744 人
海外主要 国居住者	ニュージーランド	50,478
	アメリカ	36,840
	オーストラリア	18,426

表4　H村の収入（1992 年）

	トンガドル	％
農業	53776	28.1
かぼちゃ・バニラ	26,009	
イモ類・野菜	22,198	
豚など家畜	5,479	
林業	8,121	4.3
漁業	6,539	3.4
給料	46,550	24.6
パート	10,900	5.8
工芸品	5,500	2.8
送金	59,550	31.0
計	190,990	
一世帯当たり収入	3,819	
一世帯当たり送金額	1,191	

＊表 1~4 の出典：須藤健一（2008）：
　『オセアニアの人類学　海外移
　住・民主化・伝統の政治』風響社.

　経済水域が広く，水産資源は豊富であること，しかし，便利な商品が重宝さ
れて，自然を汚していることは，日本と同じです。発展とは，豊かさとは何か
考えさせられます。

　他国から隔絶した島国だけでなく，山国にもグローバル化の波が押し寄せて
います。日本にも，ネパールから働きに来る人が増えています。

注
1)　荒井正剛（2011）：オセアニア（太平洋の島々）―小さな島国から自分の生活を振り
　　返る―.　地理 56-4. pp.54-59.
2)　神保哲生（2007）：『ツバル―地球温暖化に沈む国　増補版』春秋社.　p.296.
3)　川村千鶴子（2009）：自動車の普及と社会変容―島嶼のグローバル・テクノスケープ,
　　吉岡政徳『オセアニア学』京都大学学術出版会.　pp.175-186.
4)　稲岡司（2009）：生活習慣病と倹約遺伝子.　前掲 3) pp.227-238.

第3章　地理教育の役割～地球市民性の育成～

― 地球的諸課題：「アフリカ州」を例に ―

> 地球という限定された空間の中で有限な資源を持続的に活用して人類が共存していくためには，さまざまな意思決定を行うための基盤として，世界の諸地域を正確に認識することが重要な課題である。そのために地理学（特に地誌学）と地理教育が果たす役割は重大である。
>
> 矢ケ﨑典隆（2010）：『食と農のアメリカ地誌』
> 東京学芸大学出版会，p.9

【本章のねらい】

　新学習指導要領は，「よりよい学校教育を通して，よりよい社会を創る」と謳い，「世界の諸地域」の学習では，そこで設ける主題として「地球的諸課題と関連付け」ることとしています。

　地球的諸課題について，具体的な地域を通して具体的に学ぶ地理授業では，その問題点をわかりやすくとらえられますし，その問題を共感的にとらえやすいです。上の言葉にもあるように，地理教育は地球的諸課題の解決に貢献すべきです。

　地球的諸課題は「途上国」に顕著に表れ，南北問題という地球規模の格差が深刻です。私たちの生活は，今や地球の全ての地域とつながっています。私たち「北」は「南」の人々の抱える課題の上にあぐらをかいて，「豊かな」生活を営んでいるという指摘があります。「南」の問題の解決のために，自分の生活を見直すことも必要でしょう。「途上国」をイギリスの地理教育では Less economically developed countries（LEDC）と，開発が不十分なのはあくまでも経済面であることを表しています。意味深長な用語です。

　子どもたちは，アフリカの人々は貧しく，可哀そうな生活を送っていると思いがちです。本当にそうでしょうか？　「単元を貫く問い」に終始して，「途上国」に見られる知恵や「豊かさ」などを見失わないようにしましょう。

1. 「アフリカ州」の単元構想

(1)「途上国」を学ぶ意義

　社会科三分野のなかで「途上国」を最も積極的に取り上げてきたのは地理です。人口でも面積でも「途上国」の占める割合は大きいです。政治的には独立したものの，経済的には自立できていません。その元は植民地支配に行き着きます。地理教育では「途上国」が抱えるモノカルチャー経済や工業化の遅れ，スラムといった問題点を主に取り上げてきました。しかし，生徒には途上国が抱える問題は他人事に映りがちでした。そのなかでカカオ栽培については，自分事と受け止められやすいです。生徒にとって心理的にも遠い地域について関心を持たせるためには，生徒の日常生活とのつながりを意識させたり，生徒の正義感に訴えたりすることが効果的です。

　その一方，アフリカは貧しいというイメージしか残らないという課題があります。ポジティブな話題も取り上げようと，教科書はアフリカ音楽を取り上げるといった努力もしていますが，否定的なイメージを揺さぶるまでには至っていないようです。

　アフリカには，かつては有力な王国がありました。また，独立当初から世界最貧ではなかったようです。1970年の一人当たり名目GDPは，サハラ以南のアフリカの236ドルに対して，中国は半分弱の114ドル，タイも192ドルでした[1]。ところが，1980年代ごろから，中国やASEAN諸国で経済成長が進んだ一方で，アフリカは内戦や経済政策の失敗，独裁政治などによって政治が混乱して経済が停滞したうえ，人口が増加したので，一人当たりGDPは減少しました。今世紀に入ると，豊かな資源に着目した海外からの直接投資が増えて，経済成長率は上がっていますが，その恩恵は全国民に行き渡ってはいません。

　アフリカにあこがれる人々は少なくないです。雄大な自然は魅力的です。私がジンバブエに行った時，大地に沈む夕陽のきれいだったこと！そして，人々が明るくフレンドリーなことも印象的でした。こうしたことはアフリカの紀行文にはよく出てきます。アフリカの子どもたちを観察・調査した記録によると，例えば遊牧民マサイの子どもたちは，家畜の世話や家事を

しながら，放牧ごっこ，料理ごっこといった遊びを通して，彼らなりに理想を探求しています。マダガスカルの漁民の子どもは，遊びとしてカヌーを自作したり網を編んだりします。このような生業と関連・連続した遊びや大人の手伝いを通して，自然や社会について学び，技術を習得していきます[2]。こうした子どもたちの姿から，「先進国」の子どもたちが失いかけている子ども本来のたくましさや生きる力を感じさせられます。等身大の人々の生活を取り上げて，アフリカ像を揺さぶるようにしたいものです。

(2)「アフリカ州」の単元構成

最初に地図の読み取りを通してアフリカ州の多様性に気づかせます。以後の各時間では，まず事例地域を通して考察して，アフリカ州全体を概観します。カカオ豆や携帯電話に使われるレアメタルという，生徒になじみ深い輸入品を通して，アフリカ州の抱える問題を，日本などの「先進国」との関係に留意して，南北問題という視点からとらえます。

自給的な農業の学習では，人々の知恵に注目します。しかし，貨幣経済の浸透で農村は貧しく，多くの人がやむなく都市へ出て行くことをとらえます。最後に海外協力を取り上げ，協力のあり方と協力に行った人々のアフリカ観を取り上げて，アフリカ像にゆさぶりをかけます。

なお，本単元は北アメリカ州の学習よりも後に実施し，農業の方法や「発展」とは何か，USA と対比して考えさせました。

表3-1 「アフリカ州」の単元構成 (4~5 時間)

テーマ	主な内容	経済	環境	社会	事例地域
アフリカ州概観	地図から読むアフリカ州，歴史的背景		○		
カカオ豆の生産	輸出用農業生産に頼る経済	◎		○	ガーナ
豊かな資源と内戦	レアメタル，内戦，多民族国家	◎		○	コンゴ，他
都市と農村	スラム，自給農業，工業，海外協力	○	○	○	ケニア

＊5 時間取れば，第5 時で海外協力の学習と単元のまとめをします。

2. 第1時「地図で読み解くアフリカ州」

アフリカ州について，イメージを発表してもらいましょう。その際，そ

のイメージがどうしてできたか考えさせるとよいでしょう。

　大州のようすを大づかみにとらえるためには，地図帳の後ろにある国別統計と地図を使うとよいです。統計の数値は，日本と比較しましょう。日本よりも面積が大きい国が多いです。日本の面積に近いのはジンバブエであることを念頭に地図を見ましょう。注目すべきは一人当たりの国民所得がけた違いに低いこと。また，宗教と言語について，キリスト教，イスラーム，アラビア語，英語，フランス語がよく出てくることをとらえます。統計は国を五十音順に並べているので，世界地図を見て，サハラさばく以北と以南では宗教や言語が違うこと，以南では旧宗主国の言語が公用語になっていること（理由は後で）をとらえます。地図の力！

　次は地図の読み取りです。その着眼点として，地図に載っている情報を確認します。緯度・経度，地形（山や川，さばく），大都市，国名，国境線，交通，鉱山など。アフリカの全体的な様子や地域による違いなどについて，地図からわかったことや不思議に思ったことを，まず一人で列挙し，それをグループで出し合い，全体で共有します。図 3-1 のように様々な発見が出ます。「多い」内容が多いなか，「平地が少ない」といった少ないものに着目した回答のような豊かな発想を誉めましょう。

（1）国境線と国の形や大きさ

　「国境が直線」が各班から出ます。どうしてだろうと聞くと，ヨーロッパ諸国が植民地として支配したからという答えが返ります。100 年前のアフリカ州の地図で，それを確認します。でも，なぜ直線になるのでしょうか？　また，それならば直線の国境がもっとあってよいはずです。そこで，直線になっているのはどんな所か「深読み」します。地図をよく見た生徒から，さばくという答えが返ってきて，皆，納得。どこらへんにある？南北両半球の回帰線付近にあることを読み取ります。

　北アフリカには，面積の大きな国が多いです。面積が大きくても，ほとんどがさばくでは……。一方，ギニア湾岸に小さい国が多いという回答があります。セネガルからコンゴ共和国にかけて，海岸から内陸に向かって細長い形の国が多いです。ガンビアはセネガルに食い込んでいるというか，

38

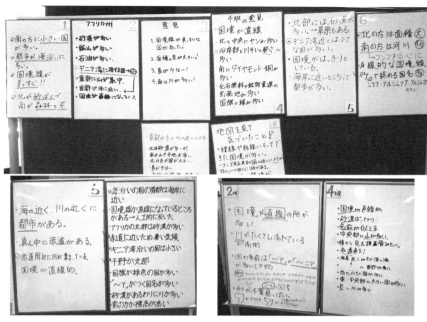

図 3-1　アフリカ州の読図例

包囲されています。コンゴ民主共和国は内陸国のように見えますが，よく見ると，海岸があります。細長い国が多いのはなぜでしょう？　「都市は海岸に多い」という回答と合わせて，大都市付近に見られるものは何か尋ねます。川です。河口に大都市が見られます。

　ギニア湾岸はヨーロッパに近いため，最初に植民地獲得競争が繰り広げられました。ヨーロッパ諸国は，自分の国では得られない鉱産資源や農産物などを求めて，河口に積出港として港町をつくり，そこを根拠地として内陸部に進出したのです（USA の学習で，ニューヨークについて取り上げたときは，それと同じだという反応が返ってきます。コラム 1：p.18 参照）。かつて，この地域の海岸は，主要輸出品にちなんで，黄金海岸，奴隷海岸，象牙海岸（フランス語でコートジボワール）などと呼ばれていました。奴隷として多くの若者が連れ出されたことを，北アメリカ州の学習と関連づけて，とらえます。

39

(2) 都市の分布

東部や南部では，内陸にも大都市が多く見られます。なぜでしょう？ヒントは地図に。鉱山が多いことと高地であることに注目！ 赤道付近のナイロビの標高は 1624 m もあるので，赤道付近でも暑くないことが予想できます。「理科年表」をみると，年平均気温 19.0℃，月による変化はほとんどなく常春の気候です。同じ低緯度のギニア湾岸と違って，ヨーロッパの人が住みやすいことがわかります。ナイロビ周辺の高原地域は，イギリスが白人専用の土地（「ホワイトハイランド」）としてプランテーションを開き，先住民を労働者として使いました。ナイロビは 1900 年に鉄道工事のキャンプ地として，イギリス人の開発拠点として建設された都市です。

(3) 国 名

「アで終わる国名が多い」という回答もあります。実際，-ia は地名接尾辞としてよく使われています（中央ヨーロッパの国名や大州名などもそうですね）。こうした発見も褒めましょう。なかでもおもしろいのはナイジェリアとアルジェリアです。「ジェリア」が「アル」「ナイ」？ じつは後者は「アルジェという町の方」という意味，前者はこの両国の間にあるニジェールと関係があります。地図帳に書かれた国名のアルファベットに注目すると，ナイジェリアは英語，ニジェールはフランス語で，どちらもニジェール川にちなむ国名であることがわかります。100 年前の地図を見て，宗主国の言語の違いによる発音の違いであることをとらえます。

(4) まとめ

さばくと川の分布にもどって，最後にアフリカ州の気候を整理します。気候の世界地図から，気候帯が赤道を軸に南北にほぼ対称に分布していること，南北端で温帯が見られること，その緯度は約 35 度で，東京とほぼ同じであることをとらえます。アフリカ大陸は大きい！

以上のことを，地図にまとめます（図 3-2）。最後にわかったことを聞くと，植民地時代の影響が強く残っていることが出るはずです。

このように，今日の地図からも植民地時代の影響をたくさん読み取れま

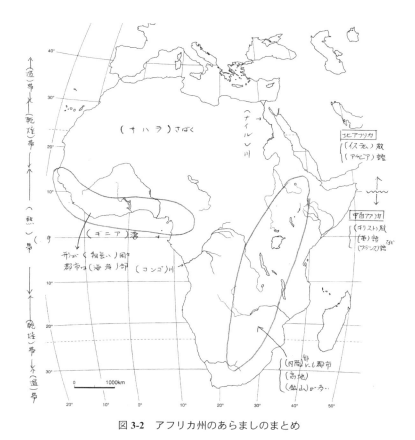

図 3-2　アフリカ州のあらましのまとめ

す。生徒の様々な発見を活かして,地図帳は情報満載であることをとらえ,地図帳をもっと見ようという気持ちを高めましょう。

3. 第2時 「チョコレートから考えるアフリカ」

(1) チョコレートを食べる国とカカオ豆を生産している国

　チョコレートのパッケージから,原料がカカオ豆であることをとらえます。カカオ豆の実は幹から直接ぶら下がっていて,生徒にも印象的です。

　統計から,カカオ豆の生産・輸出とも,高温多雨のコートジボワールと

41

ガーナが世界の約半数を占めるなど，ギニア湾岸諸国が多いことをとらえます。さぞかしチョコレートを多く食べていると思いきや，一人当たり年間消費量の上位はヨーロッパ諸国が占めています（日本チョコレート・ココア協会による）。原産地は中米～南米北部で，ヨーロッパ諸国が持ち出したそうで，彼らが自国では生産できない農産物を植民地で栽培させ，輸入したことがわかります。

　なぜアフリカではチョコレートを食べないのでしょうか？　売るので食べないのでは？　熱帯ではおいしくないのではといった予想が出ます。

(2) 貧しい農村と子どもたち —— ガーナを事例に ——

　カカオ栽培の様子をビデオで見ます。カカオの実をなたで取り出す作業は危険そうですが，子どももやっています。子どもは立派な労働力です。子どもたちはチョコレートのことを知りません。残念ながら，国内外から連れて来られた児童による労働も見られます。『世界子供白書』によると，サハラ以南のアフリカでは，5~14歳の約1/4が労働に従事しています。教育が不十分で，コートジボアールの識字率は男性53.3％，女性32.7％（2015年）と，アフリカ州のなかでも特に低いです。両国の一人当たり国民総所得を日本と比べます。わずか30分の1に過ぎない！ 世界中に人気のある原料を輸出していて，なぜ経済的に貧しいのでしょう？　ヒントは原料であること。チョコレートづくりは消費するヨーロッパで行われ，カカオ豆の価格はロンドンで決まり，変動が小さくないこと，農民の取り分は3~7％に過ぎないと言われていることを説明します。輸送費や関税がかかるにしても，農民の取り分は少なすぎます。そこで，フェア・トレードについて紹介するとよいでしょう。

(3) 人々の生活に関係のない輸出用商品作物 —— アフリカ州概観 ——

　アフリカ州の農業の地図を見ると，サハラさばく以南では，コーヒーや茶，綿花，落花生などが多く見られます。これらの農産物は，おなかを満たすようなものではない嗜好品や工業原料であることに気づかせます。カカオ豆と同じく，いずれも輸出用商品作物で，ヨーロッパ諸国が持ち出し

表 3-2　第 2 時「チョコレートから考えるアフリカ」の展開

本時の目標：①カカオ豆の生産を通して，輸出用農産物生産の問題点について理解する。
　　　　　　②自分とアフリカの貧困の関係について関心を持つ。

学習内容	学習活動	資料
カカオ豆生産国	・カカオ豆がギニア湾岸で生産されている。	S：カカオ豆の生産と輸出
チョコレートの消費国	・チョコレートを消費しているのはヨーロッパ	S：チョコレート消費量上位国
	カカオ豆をたくさん生産している国々でチョコレートを食べていないのはなぜだろうか？	
児童の労働	・予想：売るため，買えない，おいしくない ・子どもも働いている！ ・識字率が低い。	T：カカオ豆生産のようす S：各国の識字率
低所得	・一人当たり国民所得：ガーナと日本を比べる。	S：一人当たり国民所得
輸出用農産物	・原料を加工しないで輸出している！ ・価格はヨーロッパで決められることを知る。 （フェア・トレードについて知る。）	S：ガーナの輸出品
アフリカ州の農業	・輸出用農産物が多いことを読み取る。 ・農産品が大きな割合を占める国が多いこと。 ・その問題点をとらえる（価格変動の影響など）。	M：アフリカの農業 S：主な国の輸出品

て，加工は自国で行ってきました。コーヒーや茶の生産がさかんな東アフリカの高原では，広大な土地がヨーロッパからの入植者のために収用されました。輸出品の統計を見て，今日でも，各国の輸出品に占める商品作物の割合が高く，大切な収入源になっていることをとらえます。このため，肥沃な土地では輸出用農作物が優先され，自給用作物の生産は伸びていません。農民は消費国の景気や気象変動などに苦労しています。最近では，外国政府やアグリビジネスが良質の農地を買い取る動きも見られます。

4．第3時　「スマホから考えるアフリカ」

（1）携帯電話の「紛争資源」── コンゴ民主共和国を事例に ──

　生徒の生活必需品となったスマホ。それには電解コンデンサに使われ，小型化に不可欠なタンタルや，小型電池に使うコバルトなどのレアメタルが使われています。それぞれの産出量の約 2/3 はコンゴ民主共和国の東部で産出されています。ところが，その国民所得はたいへん低いです。

43

その背景に死者 540 万ともいわれるコンゴ内戦があります。生徒は内戦に自分たちと関わりがあることに気づき，関心を示します。テレビ番組が採掘現場の労働者や経営する外国企業，そして反政府勢力のリーダーにインタビューしています。反政府勢力は「先進国」の兵器を購入するために採掘したタンタルを外国企業に売っていると明言しています。タンタルの採掘は，児童労働，河川や土壌の汚染，東ローランドゴリラの絶滅の恐れなどの問題も引き起こしています。産出地はコンゴ川上流で，政府がある首都キンシャサはず～っと西，コンゴ川河口近く，直線距離で 2000 km 近く離れている場所にあり，西部と東部では自然環境も民族も違います。大きな国の統一は容易ではなさそうです。

（2）アフリカ州は資源に恵まれているけど…

　鉱工業の地図を見ると，サハラさばくにも天然ガスや原油があります。2013 年 1 月，アルジェリアで，サハラさばくの中央部，リビア国境近くの天然ガス精製プラントが反政府組織に襲撃され，その建設に携わっていた日本人 10 人を含む外国人 37 人が死亡しました。

　地図から，原油のほか，ダイヤモンドや金，銅などの鉱産資源が豊富であること，その割に工業都市が少ないことを，また，統計から資源輸出比率が高い国が多く，資源を加工せずに輸出していることを読み取ります。

　NHK「地球データマップ」が紛争地（公民の教科書に掲載されています）と資源の豊かな国の分布が類似していることを示しています[3]。豊かな資源はアフリカ経済の発展の起爆剤になり得る一方，それが内戦を招いているという矛盾が見られます。

（3）内戦と民族分布 ── ナイジェリアを例に ──

　アフリカの民族分布図を見ると，国境を超えて分布している民族も見られ，植民地分割の際，国境が民族に関係なく引かれたことがわかります。

　内戦と民族の関係がわかりやすいのは，1967 年と古いですが，ナイジェリアのビアフラ戦争です。東部で原油の開発が進み，東部の州が分離・独立を宣言したため，それを阻止しようとする連邦政府との間で戦争になり

表 3-3　第 3 時「スマホから考えるアフリカ」の展開

本時の目標：①内戦と資源の関係を通して，多民族国家の統一の難しさを理解する。
　　　　　　②自分がアフリカの問題と関わっていることに関心を持つ。

学習内容	学習活動	資料
スマートフォン	・レアメタルが多く使われていることを知る。 　その主な産地を調べ，位置を確認する。	S：レアメタル産出・用途
産出国の貧困	**資源が豊富なのに，なぜ貧しいのだろうか？**	S：コンゴ民主共和国等 　　の一人当たり国民所得
コンゴ内戦	・予想：ヨーロッパが買いたく？ ・内戦が関わっていることをとらえる。 ・西部と東部で民族が違うことをとらえる。	T：レアメタルと内戦
アフリカ州の 鉱産資源	・地図の読み取り：鉱産資源が多い，サハラさばくにも 　油田がある，工業都市は多くない	M：アフリカ州の鉱工業 S：主な国の輸出品
ビアフラ戦争	・油田をめぐって内戦が起きたことをとらえる。 ・北部と南部の民族・自然環境の違いをつかむ。	M：ナイジェリアの民族＊ M：ナイジェリアの油田
アフリカの民族 分布と公用語	・民族と国境の関係を読み解く。 ・公用語が旧宗主国の言語である理由を考える。	M：アフリカの民族分布 MS：アフリカの公用語

＊平成 27 年検定済『中学校社会科地図』（帝国書院）p.44.

ました。イギリス植民地時代から，乾燥している北部でイスラームを信仰する牧畜民のハウサ人と，東部でキリスト教を信仰する農耕民のイボ人が対立していたことと経済格差が大きいことが大きな原因でした。民族分布図も使って確認しましょう。そこで，サハラ以南の国々では公用語の多くが旧宗主国の言語である理由を考えて，本時をまとめます。

　内戦の原因は民族や宗教による対立ではなく，地域格差や資源です。それに大国や隣国の利害も絡みます。資源獲得のために，異民族を「敵」として，その脅威をあおるのです。あおる人は戦場に行きません。

5. 第 4 ～ 5 時　「農村から大都市へ」

（1）高層ビルとスラム

　ナイロビやヨハネスバーグなど大都市の景観写真を見ると，高層ビルが林立している景観に生徒は驚きます。ショッピング・センターなどの都市施設も「先進国」とさほど変わりません。その一方，それとは対照的な安普請の建物が並び，下水が流れるなど不衛生で雑然としたスラムもありま

す。アフリカ州の多くの国では，都市人口の半分以上がスラム人口です[4]。
ナイロビ南部のキベラ地区のスラムには 100 万人近く暮らし，その多くが
農村からの出稼ぎ労働者です。そこで，農村のようすを見ます。

（2）農村の暮らしと農業のくふう

　アフリカ大陸の植生の 45 ％はサバンナだそうです。ビデオでサバンナ
の農村を見ます。畑にはきびやもろこし（ソルガム）が栽培されています。
これらは様々な草食動物が届かない高いところに実をつけるので，安心！
このほか，ササゲが地表を覆うように四方八方に伸びていて，一見雑然と
した印象を受けます。焼畑でも各種の作物を栽培します。混栽はアフリカ
に広く見られ，例えばガーナでは食糧作物をマメ科作物やカカオ，あぶら
やしなどと混栽しています。なぜ混栽するのでしょうか？

　欧米の研究者は，かつては混栽を生産性が低いと問題視してきました。
しかし，豆類のササゲはたんぱく質が豊富で，栄養分が乏しい熱帯の土に，
空気中の窒素を取り入れる働きを持っています。このほか，病虫害防除，
雑草抑制，土壌の保水力と養分保持力の増強，土壌浸食の防止，土壌肥沃
度の維持・増進，収穫安定・危険分散，端境期の解消といった利点があり，
特に降水量の変動が大きい地域では，多種多様な作物を栽培して，合計収
量の増加をめざし，干ばつなどのリスクを防いでいるのです[5]。

　サバンナでは雨季と乾季があります。雨季の降水量は，東京の最多月降
水量よりもずっと多いです。日本の夏と同様，太陽が照りつけた後，突然
真っ暗になって土砂降りの雨！ スコールです。畑は常に作物でおおわれ
ていますから，激しい雨が降っても，表土は流失しませんし，強い日差し
で地中の水分が失われることもありません。アフリカにはアフリカの論理
があるのです。それに気づかずに，アフリカを「助けるべき」地域として「先
進国」の効率重視の農業を押しつける方が不適切ですね。ただ，この農法
では，急速な人口増加に十分対応できず，それが大きな問題です。

（3）雨季と乾季

　なぜ雨季と乾季があるのでしょう。降水の源である上昇気流は，太陽が

真上から照らすところで最も活発になりますから，赤道付近は高温多雨の熱帯雨林気候になります。太陽が南北両回帰線間を移動するのにともなって，降水量が多い地帯（熱帯収束帯）も移動します。アフリカ州の1月と7月の降水量の分布図がそれをよく表していて，緯度で南北10度付近では雨季と乾季があるサバナ気候が見られます。緯度が高くなるほど雨季の降水量が減るので，まず草もあまり伸びないステップ気候，そして，さばく気候になっていきます。アフリカ州では気候区が緯線に沿って帯状に見られるので（東部は標高が高く，高山気候），わかりやすいです。

表 3-4　第 4 時（・第 5 時）「農村から大都市へ」の展開

本時の目標：①都市にスラムが広がっている理由を，農村と工業に着目してとらえる。
　　　　　　②サバンナの農業に見られる知恵やアフリカの魅力について関心を持つ。

学習内容	学習活動	資　料
大都会 スラム	・高層ビルが林立していることをとらえる。 ・一方で，スラムが見られることをとらえる。	P：ナイロビ等の都市景観 （都心とスラム）
	なぜ大きなスラムが見られるのだろう？	
サバンナの農村 サバンナの気候 アフリカの気候	・農業に見られる知恵を理解する。 ・雨季と乾季があることを理解する。 ・アフリカの気候の分布をとらえる。	T：サバンナの農村 M：1月と7月の降水量 M：アフリカの気候
都市への流出	・都市に出て行く理由を考える。 ・都市でも仕事がないことを，工業化の遅れと関連付けてとらえる。	S：人口増加率 S：産業別人口構成
海外協力	・海外協力のようすをとらえる。 ・アフリカの魅力についての語りを読む。	P：上総掘りなど ・協力者・旅行者の語り

（4）農村から都市へ

　農村にも携帯電話などが広がり，現金が必要になっています。若者たちは，現金収入の得にくい農村を出て，都市に行きます。ところが，都市では，植民地支配の影響で工業などが育っていないため（第2次産業人口の割合が低い），仕事は多くなく，スラムに行き着くことになります。なお，都市に一定期間滞在した後は，生活費が安くすむ農村に帰る人が多いそうです。

（5）海外協力，アフリカの魅力

　最後に，海外協力について，いくつか具体例を挙げ，上総掘りのような手作業による優れた技術が喜ばれていることに気づかせます。「援助」といった上から目線ではなく，現地の環境や人々の知恵を尊重し，その考えや求めに応じた対等な「協力」が重要であることに気づかせます。

　海外協力などでアフリカで暮らした人の多くが，アフリカの人々の明るさや親切，家族の団らんなど，「先進国」が失いがちな人間的な魅力を感じると言います。助け合いが進み，自殺者は極めて少ないです[6]。

　次の文章は青年海外協力隊員のことばで，今となっては古い資料ですが，生徒には印象的でした。JICA（国際協力機構）の青年海外協力隊（教員には経験者も結構います）・シニア海外協力隊員経験者や国際協力 NPO の方々にお話を伺い，「豊かさ」や「発展」とは何か考えてみましょう。

　単元のまとめとして，本単元の学習で思った・考えたことを書きます。

> （帰り道に貧しい家から，家族の笑い声が聞こえてきて）
> 粗末な家で，ろくな調度品もない。貧しい人々であるが，こんなにも大らかで素敵な一家だんらんが持てることは羨ましい。"豊か"といわれる日本の家庭には急速に消えかけているものだ。俺たちは今その"豊かな"国から来て，『お前たちを援助し指導してやる』というのは思い上がりである。むしろ，このだんらんを乱してはいないか？」
>
> 山本茂実（1989）:『山本茂実アフリカを行く』朝日新聞社

6. 地球的諸課題と地理教育

　地球的諸課題の多くは南北問題と関わりがあります。南の「途上国」が開発を進めて，様々な環境問題も起きています。しかし，それを北の人間が，地球環境を破壊する，とんでもない行為だと非難できるでしょうか？これからの開発は，先進工業国の失敗を繰り返さないように，持続可能な開発でなければなりません。それには各地域の地域性に応じた開発が必要で，そこに地理教育の価値が見出せます。

最近，「アクティブ・ラーニング」，「パフォーマンス課題」として，各地域が抱える問題の解決について考えたり議論したりする学習が散見されます。しかし，生徒が思いつくような解決方法は，当事者たちはとっくに思いついています。ヨーロッパ諸国の海外進出についてまだ学んでいませんし，現地事情をよく理解せずに，先進国の常識で，こうすれば解決できるとわかったような結論を出しても，現地の方々を見下すような態度につながり，偏見を助長したり他人事で終わったりしかねません。

　例えばタンタルが絡む内戦に，自分のスマホが関わっていることを心に留めることが第一歩でしょう。簡単には買い替えできなくなります。高校の実践では，問題の解決に向けた取り組みを学んだ生徒がコンゴ内戦の廃絶に貢献できると思うようになったという報告があります[7]。

注
1) 白戸圭一（2011）:『日本人のためのアフリカ入門』ちくま新書.
2) 清水貴夫・亀井伸孝編（2017）:『子どもたちの生きるアフリカ—伝統と開発のせめぎあう大地で—』昭和堂.
3) NHK「地球データマップ」制作班編（2008）:『NHK 地球データマップ　世界の"今"から"未来"を考える』日本放送出版協会.
4) 上田元（2017）: 都市問題. 島田周平・上田元編:『世界地誌シリーズ8　アフリカ』朝倉書店. pp.86-95.
5) 島田周平（2017）: アフリカの焼畑.　前掲4）pp.33-39.
　　細見眞也（1996）: ガーナの食糧問題と混作農法. 細見眞也，島田周平，池野旬『アフリカの農業問題—ガーナ，ナイジェリア，タンザニアの事例—』アジア経済研究所. pp.3-61.
6) OECD によると，10万人当たりの数値で，日本は16.6人ですが，南アフリカ共和国は1.0人です（https://data.oecd.org/healthstat./suicide-rates.htm）（2019年4月30日最終閲覧）。
7) 華井和代（2016）:『資源問題の正義—コンゴの紛争資源問題と消費者の責任』東信堂.
　　華井和代（2018）:「グローバル社会の中の自分」をとらえる社会科教育—コンゴの紛争資源問題を教材として—. 社会科教育研究 134. pp.10-22.
　　泉貴久（2019）: システム思考及びマルチスケールの視点を活用した高等学校地理授業実践の成果と課題—単元「スマートフォンから世界が見える」を通して—. 新地理 67-1. pp.28-53.
　　日本のNGO（A SEED JAPAN）が「エシカルケータイキャンペーン」を展開しています。

コラム3 私の実践例③

国家規模の学習「マレーシア」
── 途上国の事例 ──

（1）マレーシアを取り上げた意義

　平成10年版学習指導要領が近隣諸国を含めて国家規模の学習を求めた時，多くの教科書はUSAと中国，ヨーロッパの国を挙げました。例外的にマレーシア，ケニアを取り上げた教科書がありました。現代世界を考える上で「途上国」の理解は不可欠で，私はマレーシアを選びました。

　ほとんどの生徒はマレーシアを知りません。しかし，身のまわりにはマレーシアからの輸入品がいろいろあります。パーム油や合板，液化天然ガス，電気・電子機器など。パーム油がインスタントラーメンやポテトチップス，マーガリン，やしの実洗剤など多方面に使われていることは関心を高めます。これらを生産する人々がどのように生産し，くらしているか，何に困っているかを通して，自分の生活や社会のあり方を見直すことは，地球市民を育成するうえで大切です。カリマンタン島の熱帯雨林の破壊に日本が関わった歴史も見逃せません。

　マレーシアは多民族国家で，宗教は国教のイスラームのほか，仏教，キリスト教，ヒンドゥー教という世界の主要宗教がそろって見られ，民族の融和を目指しています。異文化理解・多文化共生という点からも意義深い国です。

（2）単元の展開

第1時：マレーシアと日本

　導入に高さ452m（世界2位）のペトロナス・ツインタワーの写真を見せます。どこでしょうか？　マレーシアの首都クアラルンプールと聞いて，生徒はびっくり。マレーシアからの輸入品，日系企業数，在留邦人数などを通して，日本との関係が深いことと電気機器の輸入が多いことに，またびっくり。

　地図と基本的な統計でマレーシアの概要と人口分布をとらえます。

第2時：多民族国家

　首都クアラルンプールの景観写真から，様々な顔つき・服装の人がいること，看板が複数の文字で書かれていること，さらに表1から宗教も多様であることをとらえます。それぞれの背景として，植民地支配（イギリスがインド人を労働力として連れてきた）と民族別所得格差をとらえ，それに起因したマレー系による華人襲撃事件にふれます。全ての宗教の祭日を国民の休日としている意味を考えます。

第3時：生活と環境

　マレー系の伝統的な衣食住，宗教とくらし，生活の近代化について考察します。

50

表1　マレーシアの国民の休日（2019年：西暦）

2月5日・6日	中華暦旧正月（春節祭）＊
5月1日	メーデー
5月19日	ウェサック・デー（シャカ誕生日）＊
6月5日・6日	ハリラヤ・プアサ（ラマダーン明け大祭）＊
8月11日	ハリラヤ・ハジ（ムスリムの巡礼祭）＊
8月31日	マレーシア独立記念日
9月1日	イスラム暦新年＊
9月9日	国王誕生日
9月16日	マレーシア・デー（連邦成立記念日）
10月27日	ディーパバリ（ヒンドゥー教の新年）＊
11月9日	ムハンマド生誕祭＊
12月25日	クリスマス

＊は毎年日付がわかる。本来はイスラーム暦。1月1日の西暦新年も多くの州で休日。

熱帯の農村は植物が豊富であることにも注目します（GDPに反映しないことも）。

第4時：熱帯雨林の破壊と私たち

　パーム油の原料あぶらやしの栽培のようすを見ます。その生産の増加と合板輸出等（熱帯材の輸入は日本が特に多い）により，熱帯林が開発されていることに注目します。それによる問題を聞くと，地球温暖化などが予想されるものの，先住民にまで想像できません。先住民による焼畑農業が熱帯林の持続可能な開発であること（熱帯林との共生）と先住民の熱帯林破壊への抗議に注目します。

第5時：急速な工業化

　貿易の変化から，日本など外国資本や技術の導入による工業化と，労働力として農村出身の女子が多いことと彼女たちの労働環境の厳しさに注目します。ルック・イースト政策にも触れましたが，生徒たちは複雑にとらえていました。さらに，ツインタワーはペトロナスという国営の石油・天然ガス会社による建築で，日本が天然ガスをこの国から多く輸入していることをとらえます。

第6時：人口の都市集中

　クアラルンプールのにぎやかさと郊外の計画都市プトラジャヤ，スラムの景観を提示します。人口増加と州別所得・工業生産から農村を出る理由をとらえます。スラムについては，住民の相互扶助にも注目して，そのイメージをゆさぶります。最後にマレーシアの発展について意見交換します。

参考文献
荒井正剛（2012）：マレーシア―自分たちとのかかわりに着目して調べる―．矢ケ﨑典隆・椿真智子編『世界の国々を調べる』（東京学芸大学地理学会シリーズ4）古今書院.

コラム4 **参考資料①** **ケニア** — イギリスのテキストブックの記述

　イギリスのテキストブックは，ケニアについて，自然環境の特徴と多様性，人口分布と都市への移動，都市の二面性（豊かさと貧しさ），ツーリズムの利点と課題，開発指標について取り上げています。このほか，年齢別人口構成と人口急増，自給的農業と商業的農業，フェア・トレード，援助を取り上げたものもあります。なかでも development が大きなテーマになっています。あるテキストブック[1]は，単元の最後に，それについての探究課題を出しています。

　「これまで見てきたように開発を測ること（measuring development）は難しい。開発は，結局のところ生活の質である。経済的には貧しい国でも，人々は快活でくつろいでいて，総じて幸せに生活している（cheerful, relaxed and generally happy）こともよくある。」
と述べ，海外の開発を担当する政府の部局に，ケニアの開発の程度についてレポートを提出するという課題を出しています。その内容は次の4つで，それらを経済（富），社会（生活水準と生活の質），文化（伝統と生活様式）の3つの面について考慮するよう指示しています。

1. イギリスと比べてケニアはどの程度開発されているか。
2. アフリカの近隣諸国と比べてどの程度開発されているか。
3. 社会的・文化的な面からみてどの程度開発されているか。
4. ケニアは開発のどの面で最も改善が必要であるか。ケニアの発展を手助けするために何が行われるべきか。

　資料として，1人当たり GNP，貿易額，平均寿命，医者1人当たり人口，識字率のデータのほか，次の児童の語りが出ています（第Ⅰ部扉：p.1 参照）。

・私たちの国は進歩しているけど，私たちのほとんどはまだとても貧しいです。
・美しい景色とわくわくする野生動物が豊富です。
・家族が私たちには何より重要で，いつでも喜んで他の人を助けます。
・きれいで信頼できる水の供給ともっと多くの食料がまだ必要です。
・ケニアの子どもたちはいつも笑顔で，楽しそうです。
・私たちの伝統的な生活は興味深く生き生きとしています（interesting and colourful）。
・世界一級の陸上競技の選手が何人かいます。
・人々が快活でフレンドリーなことで知られています。

1) D. Waugh and T. Bushell（2014）：*Nelson Key Geography Foundations* 5th ed. Oxford University Press. pp.72-91.

地理授業づくりの基礎・基本

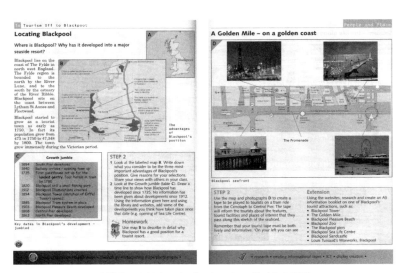

イギリスのテキストブック：ツーリズムの学習
コラム 5 (p.64) 参照. 出典：M. Hillary et al. (2001) "Think Through Geography 2", Pearson Education. pp.46-47.

第4章　地理教育の意義・役割
― 国際的な視野から ―

> 　生徒は地理を学ぶと，様々な社会や文化に出会う。
> 生徒は国々がいかに相互に依存しているか気付く。
> 生徒自身の世界における位置，重要性，他の人々や
> 環境に対する権利と責任について考えさせる。
>
> 　　　　　　イギリスのナショナル・カリキュラム
> 　　　　　　　　　　地理1999年版[1]，荒井訳．

【本章のねらい】

　授業づくりで最も大切なことは，何のために地理を教えるのか，生徒が地理を学ぶ教育的意義は何か，考えることです。高等学校では，地理は長らく選択科目で履修率が低く，「冬の時代」を通り越して，「絶滅危惧種」状態でした。しかし，「地理総合」が必履修科目となるという大逆転劇が起きました。必履修科目になるためには，それ相応の理由がなければなりませんし，永久に必履修科目でいられる保障もありません。必履修云々が問題ではなく，地理を学ぶ意義を教師が自覚していないと，それを学習しなければいけない立場にある生徒にとっては無意味な学習になりかねません。教育は人格の完成を目指す営みです。そのために地理教育がなすべきことを肝に銘じるべきです。

　上記は「地理の重要性」として挙げられた文章の終わりの部分です。最後の「他の人々や環境に対する権利と責任」は意味深長です。上記文章の直前に，「地理は，環境や持続可能な開発についての課題を理解・解決するためのカリキュラムの中心にある。また，自然科学と社会科学を結ぶ重要な働きを持っている。」という文があります。他の人々との関係，そして自然環境との関係の両面を，地理教育では考察すべきであり，それはますます縮小する世界において持続可能な生活を実現するうえで重要です。

1. 「地理総合」必修の理由

　2016（平成 28）年 12 月の中央教育審議会答申では，地理総合を以下の性格を有する科目とすることが適当であると述べ，学習指導要領に反映されています。

- ・持続可能な社会づくりを目指し，環境条件と人間の営みとの関わりに着目して現代の地理的諸課題を考察する科目
- ・グローバルな視座から国際理解や国際協力の在り方を，地域的な視座から防災などの諸課題への対応を考察する科目
- ・地図や地理情報システム（GIS）などを用いることで，汎用的で実践的な地理的技能を習得する科目

　キーワードは，GIS，グローバル，防災，ESD の 4 つです。

　ESD は新学習指導要領で各教科で強調されていますが，環境保全，経済発展や社会的公平性をトータルに考慮する必要があり，地理のような学際的な教育の役割は大きいです。国際理解と国際協力については，各地の生活文化の多様性を踏まえる必要があり，これまでも地理教育が担ってきたことです。近年注目されるようになった防災については，自然のメカニズムを知ったうえで，避難行動や災害対策，災害に強い町づくりを考える必要があり，各地域の地域性を考察する地理が最も有用であると言えます。さらに，GIS は地理ならではの手段で，地図が日常生活に広く使われ，その汎用性が期待されています。

　このように，地理教育は，本来，社会的有用性が大きいはずです。残念ながら，それが発揮されてこなかったと言わざるを得ません。

　歴史教育における時間認識の育成とともに，地理教育における空間認識の育成は，車の両輪です。両者をバランスよく総合する人材育成を目指して，歴史総合と地理総合が必履修科目となりました。

　「地理総合」には海外の教育動向が反映されています。それを次に見ていきましょう。

55

2. 海外の地理教育の動向

（1）地理教育の改革運動

　かつては多くの国で世界を網羅する地誌学習が行われていました。しかし，日本と同様，地名などの暗記を強いる学習に陥る傾向があり，地理の人気が下がり，各国で地理教育改革運動がおこりました。

　例えばイギリスでは，1970年代初め，地理カリキュラム開発プロジェクトが立ち上がり，地理的探究を導入するとともに，価値・態度などを重視して，社会的課題の教材化が進みました。その後，地理教育の目標を市民性育成として，地理的探究を学習過程の基本原理とし，また，概念的な知識・理解を重視するようになりました[2]。1991年にナショナル・カリキュラムが導入され，何回か改訂されてきましたが，地理的スキル，場所，系統地理的テーマの3つが継続的に取り上げられています。そして，地理教育は，市民性の育成や持続可能な開発の教育などの促進に重要な役割を持っていると述べています（以下の箇条書き）。地誌的な学習は残っていますが，その地位は大幅に低下しました。

> ・組織・システムや意思決定（例えば地域計画問題）への参加方法についての知識・理解
> ・社会・環境・経済・政治的な時事問題を考察・議論する機会
> ・国内外の多様な国家・地域・宗教・民族的アイデンティティについての知識・理解
> ・地球共同体としての世界の理解と地球的な相互依存と責任についての問題・課題

　地理教育が国民に支持されている国々，例えばニュージーランドでは，多様な立場や価値観を踏まえて意思決定にせまるといった，社会のあり方にコミットする地理教育が進められていますが，中学・高校を通じて地誌学習は見られません[3]。スウェーデンでは，持続可能な開発や多文化社会に対応した内容を取り上げて，現実の諸問題を地理学の独自性を生かして考察することによって，活動的な市民の育成を目指しています[4]。

このように，国民から一定の支持がある国々に共通して，①地理の学際性（総合的視点・統合的役割）や実用性が認識され，②地理教育に環境教育としての役割が期待され，③市民性の育成が重視されています。

(2) 地理教育国際憲章 (1992年)

国際的な地理教育団体である国際地理学連合・地理教育委員会は，地理教育の振興を目指して，「地理教育国際憲章」を制定し，「地理教育は，現代そして未来に生きる有為でかつ活動的な市民の育成に欠くことのできない領域である」と，地理教育が市民性育成に不可欠であること，学習方法としては探究的学習方法の採用が必要であると述べています[5]。社会科ではなく，地理という独立教科としている国々でも，市民性の育成が重視されていることは興味深いです。むしろ，日本の社会科地理教育よりもはるかに社会科らしい学習が行われている面を見出すことができます。

地理教育国際憲章は，地理教育は世界人権宣言を受けて国際教育（異文化理解教育を含む）と深く関わっていると述べています。また，1991年の国連の環境と開発問題会議の調整委員会の報告書を受けて，環境教育と開発教育が，持続可能な開発の実現に極めて重要であるとして（国連の「持続可能な開発目標（SDGs）」は環境問題と開発問題とが統合されています），地理教育もこれらの教育と関わるべきであると述べています。

なお，系統地理的な学習において，システムの学習と，現代の諸問題を取り上げた学習主題として，以下の問題を挙げています。

　　　環境の質　社会的・空間的格差　自然災害　地球的規模での変動
　　　人口変動　都市化　世界の飢餓問題　エネルギー管理
　　　人種，性，宗教に基づく不平等　成長の限界
　　　社会的・自然的・経済的な危険地域　紛争　開発問題と政策
　　　持続可能な開発

このように，地理教育は，世界の諸問題を積極的に取り上げ，国際理解を進め，また，持続可能な開発のための教育に貢献して，地球市民性の育成を目指しています。地理教育の社会的有用性を高めるべきです。

3. 海外の試験問題にみる学力観 ～市民性育成と地理教育～

国際地理オリンピックという世界の高校生が集まる大会があります。2013 年には京都で開催されました。画面に映し出される地図などの資料を読み解く 4 択式のマルチメディアテスト，テーマについて資料を活用して答える記述式テスト（論述を含む），フィールドワークテストの 3 つから成っています。テーマは次の 12 の内容から選ばれています。

1. 気候と気候変動　　　　2. 災害と災害管理
3. 資源と資源管理　　　　4. 環境地理と持続可能な開発
5. 地形，景観と土地利用　6. 農業地理と食料問題
7. 人口と人口変動　　　　8. 経済地理とグローバル化
9. 開発地理と空間的不平等
10. 都市地理，都市再開発と都市計画
11. 観光と観光管理　　　12. 文化地理と地域アイデンティティ

上のように，系統地理のテーマに加えて，それに関連する重要な諸課題も取り上げられています。記述式テストでは，「問題を解答するにあたって，出題テーマに関わる地理的知識のみをテストすることは意図していない。むしろ，選手たち自身が持っている知識を，具体的な地域の現状に当てはめたり，様々な地理的スキルを活用したりすることをテストの主眼としている。」[6] と，知識を活用して各種の資料を読み取り考察する力を試しています。

求められるスキルは次の 3 つです。

1. 地図スキル（地図を読み，分析し，解釈し，作成するスキル）
2. 探究スキルと問題解決スキル
3. グラフィカシースキル（映像,写真,統計,グラフを読み,分析し,解釈し，作成するスキル）

フィールドワークテストでは，与えられたテーマを踏まえて，地域の特徴を適切に表す地図を作成するテストと，作成した地図や収集した資料を

基に，地域の課題の解決策や将来像を提案するテスト（意思決定テスト）があります。新学習指導要領が求めている「理解していること・できることをどう使うか」という思考力・判断力・表現力が正に問われていることがわかります。

記述式テストでは，例えばスポーツの地理というテーマで，リオデジャネイロでのオリンピックにおける競技場建設候補地に関する課題を，地図などを使って読み取らせるなどした後で，「大規模なスポーツ・イベントによる利点は，それによる問題点よりも上回る」という見解にどの程度賛成・反対か論じさせています（2017 年）。また，都市における民泊に関して，資料を使って事実を整理した後で，地域住民の立場から都市への民泊導入についての是非を，経済的・社会的な影響を踏まえて論述させています（2018 年）。

イギリスで義務教育終了段階の 16 歳（小学校からの通算で 11 年生）で受験する一般中等教育修了資格試験（GCSE）でも，例えば水資源開発をテーマに，資料を使って家庭内の水使用の内訳や渇水警報が多い年の理由といった身近な問題から始め，水道水の供給が難しくなると予想される理由，「途上国」での飲用水供給の問題点などを尋ねた後，水資源開発計画案についての支持と不支持の理由，持続可能な水資源開発計画のプロジェクト案についての自分の見解を述べるといった試験が出題されています[7]。

ニュージーランドでも，灌漑計画というテーマで，まず衛星写真と航空写真から対象地域の特色を読み取り，最後に灌漑計画が土地に及ぼすプラスとマイナスの影響や牧羊農民の立場としてどういう選択をするかなどを尋ねています。

このように，いずれも資料を適切に使って事象を考察し，様々な立場から，開発による利点と問題点を考えたうえで，自分の意見を述べさせています。このように，学習した知識を使って，社会的な問題について多面的に考え，自分なりの意思決定まで求めています。

残念ながら日本代表は，数学や物理などほかの科学オリンピックと比べて大きな成果を挙げていません。それだけ日本の地理教育は「ガラパゴス化している」(代表選手のことば) のでしょう。

4. イギリスの地理教育から学ぶ

（1）イギリスの地理教育の特徴

　海外の地理教育のなかでも，よく参考にされてきたイギリスの地理教育について概観します。この国では社会科はなく，社会認識に関わる教育は，地理科と歴史科が担ってきました。この2教科は，ナショナル・カリキュラムで初等教育と前期中等教育の必修教科として，ずっと位置付けられています。中等学校では地理科を地理専門の教師が指導していることが多いです。1999年から市民性教育（citizenship）が導入され，独立教科としてとは限りませんが，中等教育での実施が義務づけられました。

　前期中等教育（キー・ステージ3）で取り上げている内容は系統地理的なテーマが中心です。自然地理と人文地理をほぼ半々取り上げていますが，自然地理的なテーマにおいても人文地理的な内容を取り上げているように，自然と人文の両面を加味した学習が行われています。さらに，環境地理として資源開発や環境汚染が取り上げられたことがあります。地誌的な学習もありますが，世界を網羅するのではなく，1995年からは経済発展段階の異なる2カ国，2014年以降はアジアとアフリカの「地域」を2つ（中国やインドなどの国や東南アジア，中東などの地域）取り上げています。

　地理的スキルについては，地図や景観写真などの活用のほか，フィールドワークがたいへん重視されています。また，1995年以来，地理的探究に関わるスキルが位置付けられるようになりました。具体的には，地理的な疑問を持つ，調査方法を考える，資料を収集する，資料を吟味し結論を導く，人々の多様な価値・態度をとらえて現代の社会的・自然的・経済的・政治的な課題について自分の価値・態度をよく考える，それを表現するという一連の探究活動を通して，思考力・判断力・表現力の育成を目指しています。このように，資料を適切に使って結論を導くことや，例えば環境について対立する意見などをとらえるといった様々な価値・態度にふれて，課題についての意思決定をすることが求められてきました。しかし，保守党が政権を奪還した後は，地理的探究については触れられていません。二大政党制のイギリスでは，政権交代によって，ナショナル・カリキュラム

の内容が変わるきらいがあります。

（2）多様な事例を通したマルチ・スケールの学び

　系統地理的なテーマの学習では，多様な地域・環境の事例地域を取り上げて探究します。ローカル規模の事例地域を取り上げた学習が行われているのは，地理学のフィールドワークと同様に，具体的な場所や人々の営みを取り上げれば，実感が得られやすく，共感的にとらえやすいからです。事例地域は複数取り上げて，一般的共通性をとらえます。しかし，それだけでは，そこで見られた事象の背景がわかりませんので，そのプロセスを理解するために国家規模・地球規模からも考察します。このように，多様な地域スケールで考察します。

　このことは，地誌的な学習でも同様です。国内・地域内の多様性に着目させるために，複数のローカル規模の事例地域を取り上げるとともに，国家規模・地球規模の学習も組み入れて展開しています。

（3）開発（development）のあり方を考える

　ナショナル・カリキュラム地理では，取り上げるテーマの一つとして「開発（development）」が挙げられてきました。例えば 1999 年版では，国家間の開発状況の違いや，開発の違いが異なる集団の生活の質にもたらす影響などが含まれています。開発がどういう考えから行われ，その影響（メリットとデメリット，立場の違いによる開発の影響の違いを含む）はどうであるか，今後はどうすべきかといったことを，持続可能な開発という視点で考察しています。

　開発の違いについては，経済発展だけではなく，様々な観点で考えています。例えば，国連開発計画 UNDP の「人間開発指標」（Human Development Index: HDI）はよく取り上げられます。それは出生時平均余命や識字率，就学率，一人当たり GDP などを用いた経済社会指標で，『人間開発報告書』として発表されています。「人間開発」とは，人間の持つ様々な可能性を活かしていくことと言えます。同様に，地域の「開発」とは，各地域が持つ広い意味での資源・特長（位置，自然環境などを含む）の可

能性を発揮していくことと考えられます。development を「開発」と訳すと，新しい人工物・人工的環境をつくるといったイメージを受けますが，この単語には成長，発展などといった意味もあり，今持っているものを伸ばすといったニュアンスがあります。

　ESD では，開発について，自然，経済，社会の 3 領域から考察します。私の北アメリカ州の実践でも，環境保全，経済発展，社会的公平性の 3 つの視点を踏まえて単元を構成していました。

　開発教育が開発した開発羅針盤（Development Compass Rose）（図 4-1）はたいへん示唆に富みます。例えばあるテーマや地域について，思いつくことを別々の紙に書き出し，この羅針盤上に置きます。そうすると，各自が何に注目し，何についての意識がなかったかわかります。

　開発羅針盤は，社会的事象を，羅針盤の東西南北の N（自然環境），E（経済），S（社会），そして W（政治）の 4 つの視点から考察するように導きます。いずれも広義にとらえていて，N にはエネルギー，E には援助や所有も例示されています。S は人間関係，伝統，文化，生き方（例えばジェンダー，人種，障がい，社会階層，年齢などが社会的関係にどう影響するか）といった問い，W は権力（power）に関する問い（だれが選択・決定するか，その決定によりだれがどんな利益を得て，だれがどんな損失を受

＊カバー裏のカラー図も参照．

図 4-1　The Development Compass Rose（開発羅針盤）
左上が基本形，右は例を記載したもの．出典：Birmingham DEC（1995）: *The Development Compass Rose*.（www.tideglobal learning.net/sites/default/files/uploads/2c.50 Compass rose（最終閲覧 2019 年 6 月 9 日）より）．

62

けるかといった問い）をそれぞれ指します。W については，関係する様々な人々・団体（例えば開発業者，環境保護団体，地域住民，先住民，政府関係者，国際機関）のなかで，誰の意見が通りやすく，誰の意見が通りにくいかを踏まえて，より良い開発にするにはどんな配慮が必要か考えます。さらに，各観点の間，例えば S と E の間について，社会的な要因と経済的な要因の組み合わせによる影響を考えます。こうして，開発のあり方・今後の進むべき方向性を考えていきます。

　開発教育は，欧米の市民が「途上国」への援助の必要性を訴えるために始まり，多くの地理教師も関わってきました。開発教育は行動する地球市民の育成を目指しています。その後，「途上国」の貧困の原因は「先進国」にもあること，「先進国」内にも開発問題があることに注目するようになり，また，開発の対象も経済開発だけでなく，社会開発や人間開発へと広がりました。

　開発教育では参加型学習が取り入れられていることが大きな特徴です。例えばロールプレイやシミュレーション，優先順位を決めるランキング，写真の読み取りに関するフォトランゲージなどがあります。開発教育の考え方や手法はイギリスの地理教育にかなり取り入れられています。

（4）テキストブックの特徴

　ほかの多くの国々と同様，検定教科書ではありません。個人持ちではなく，学校がテキストブックを数種類用意して，授業で適宜使っています。

　日本の教科書と異なり，本文が少ない代わりに資料（地図，景観写真，統計，図解など）が多く，しかも大きく掲載されていること，資料を使った多様なアクティビティ（学習課題）が多用されていることに特徴があります。本文が全くなく，各種資料とアクティビティのみのページもあります。新聞記事も取り上げています。具体的な人物を通したケース・スタディがよく見られ，男女バランスよく，また，多様な立場の人々の考えを吹き出しなどを使って表現しています。

　単元名をみると，観光のほか，犯罪，買い物の変化，スポーツといった，日常生活と結びついたテーマも散見されます（コラム 5 参照）。

コラム5 参考資料② **イギリスのテキストブック**
—— ツーリズムを例に ——

(1) ツーリズムの学習内容と地理学習における意義

　イギリスの地理教育はツーリズムをたいへんよく取り上げています。表1は
テキストブックの例で，テーマ，主な内容，主な作業課題を示しています（各2
頁）。この例では内容と視点から3段階で構成している点に特徴があります。

　この例に限らず，多くの場合，ツーリズムが（事例地域で）発展した理由，
地域に与える利点と欠点を地理的に考察しています。地域にとってツーリズム
が重要であること，地域住民のなかでも利益を受ける立場と損失を被る立場と
があること，今や遠隔地にまで観光客が訪れ，その自然環境が破壊されている
ことについて考察させています。多様な立場の人々の間の利害対立を浮き彫り
にして，生徒に葛藤を与え，その解決方法，持続可能な観光のあり方を探究し
提案させています。エコツーリズムもよく取り上げています。事例としてイギ
リス人が多く訪れる国内外の観光地を多く取り上げています。

表1　イギリスのテキストブックにおけるツーリズムの学習内容の例

＜イギリス最大の海浜リゾート Blackpool：場所に注目して＞
（探究課題）Blackpool の観光担当者として町がトップであり続ける方策を提案する

特徴	魅力，施設，訪問客数	友達に紹介する手紙を書く
発展，施設	発展の理由，観光ポイント	トラムのガイドとして町を紹介する
観光産業	町の重要産業，観光産業の持続性	SWOT 分析 （強みと弱み，機会と懸念）

＜観光産業の人々や場所への影響：地中海の観光地：パターンとプロセスに注目して＞
（探究課題）観光コンサルタントとしてトルコの新しいリゾートを提案する

変化	世代による違い，余暇の拡大	観光の拡大について書く
重要産業	観光の効果，成長と衰退（スペイン）	イギリスでの観光の効果を説明
課題，推移	観光の影響，主要観光地の東方移動	利点と欠点を得点化し，整理する
新観光地	トルコの海浜観光地，トルコの気温	トルコ選択理由，観光地を比較

＜エコツーリズム：ボルネオ：人間と環境との関係に注目して＞
（探究課題）壊れやすい環境における観光についての短い新聞旅行特集記事を書く

隔絶地域	世界の注目される新しい観光地	様々な観光地を分類する
ボルネオ （4頁）	地域の特色，エコツアー記録，多様な見解（熱帯雨林における観光の影響）	地域の住民や環境への懸念を挙げる，わくわくする体験を選ぶ

　M. Hillary et al. (2001) *Think Through Geography 2,* Pearson Education より荒井作成。

事例地域は複数取り上げています。「先進国」と「途上国」，自然環境が異なる地域を取り上げて幅広く考察させています。私が訪ねた国立公園内にある学校では，ケニアを取り上げて，地元の観光について幅広く考えさせていました。

　問題点として，例えば地元民に利益があまり還元されていないこと，仕事の季節性，物価上昇，高価な観光施設を地元民が使えないこと，ディスコやバーなどの施設や異文化の風習が地元民の生活や文化を混乱させることなどを挙げています。ツーリズムは変化が激しく，それに依存しすぎる危険性も指摘されています。

　地誌的な学習でも観光地を取り上げて，各地域が抱えるジレンマに着目し，その利点と欠点，様々な立場の人々の意見を通して，今後の（観光開発の）あり方を考えさせています。

　ツーリズムは，地理の特性である自然と人文の両面の考察，また，持続可能な開発のあり方の考察という点から，格好のテーマになります。観光地がかかえている問題は生徒たちも関わっていますので，観光行動を見直す機会にもなります。校外学習や修学旅行で，地域の観光について調査したいものです。このように，ツーリズムは市民性育成上，様々な効果が期待でき，積極的に取り上げるべきです。

(2) アクティヴィティ重視

　第Ⅱ部扉（p.53）に示したテキストブックは表 1 の「発展, 施設」の部分です。本文量は少ない一方，資料のスペースは大きく，その資料を使った各種のアクティヴィティを提示しています（その Step 2 と Step 3）。アクティヴィティでは，資料の読み取りから始め，そこで得た知識を使って考察し，わかったことを表現したり意思決定したりするという課題追究的な学習展開がよく見られます。このように，多様な言語活動を通じた地理的探究を展開しており，新学習指導要領の趣旨に合致しているので，授業構想の参考になるでしょう。

　このほか，複数の事例地域を通して概念的知識をとらえるという地理的な手法が展開されていることが注目されます。イギリスでは 1 学期にテーマを 2 つ，1 つのテーマに 10 時間前後を割いて指導していることが多いです。

　なお，授業はテキストブックの順番通りに進めるとは限りません。1 時間 1 時間の授業のねらいに応じて，異なるテキストブックを使うこともあります。

5. 地理教育とESD ～ニュージーランドの地理教育を参考に～

　国際地理学連合・地理教育委員会は，2007年，「持続可能な開発のための地理教育に関するルツェルン宣言」を出しました[8]。そこでは，国連の「持続可能な開発のための教育の10年」（UNDESD）が挙げた以下の行動テーマが地理的特徴を持っていると述べています。

　　環境　水資源　農村開発　持続可能な消費　持続可能なツーリズム
　　異文化間の理解　文化多様性　気候変動　減災　生物多様性　市場経済

　SDのヒントは，伝統的な生活に求められそうです。例えば第2章で取り上げた遊牧民は，資源の乏しい乾燥地域で，家畜が牧草を食べ尽くす前に移動し，資源を有効に活用してきました。日本でも「もったいない」といって物を大切に使ってきました。人間は，持続的な生産活動・消費行動を採ってきたのです。

　ニュージーランドでは，先住民マオリの環境思想を重視しています。すなわち，マオリの自然観を取り上げて，マオリが環境に適応した持続的な生活を営んできたことに着目させています。教育資格の認証を担う The New Zealand Qualifications Authority は，地理では例えば kaitiakitanga というマオリの概念（環境を気遣うといった意味で，天然資源の持続的な利用，管理，統制によって人間と資源の相互利益となること）を取り上げることを求めています。各学校の地理のコースブックには，マオリの自然観・社会観を表すマオリ語の一覧が載っています。また，social sustainability という用語がよく使われ，多文化共生を意識しているようです。かつて先住民の土地を奪うなど，マオリを圧迫してきたニュージーランドですが，多文化主義を採っている今日では，その環境思想を環境教育と多文化共生に活かしています。

　日本でも，アイヌの人々の伝統的な生活を通して，その環境思想から多くを学べるはずです。伝統的な生活を強調しすぎると，誤解が生まれかねないことに注意は必要です。

6. 市民性の育成からみた今後の地理教育

　地理教育は，時々の教育課題に対応して，異文化理解教育・国際理解教育や環境教育，開発教育，ESDなどと深く関わってきました。そして，東日本大震災以降，防災・安全教育としての役割も期待されるようになりました。これらの教育は，いずれも知識などの内容理解に止まるのではなく，学習のプロセスを重視して，社会と関わる態度や知識を活かして適切に意思決定して行動できる力の育成を目指しています。これからの地理教育は，認識と資質の両方をバランスよく教育するべきです。

　地理教育における市民性の育成について研究している永田成文氏は，ESDを踏まえて，地理教育に求められる市民性を「持続可能な社会を構築するために，集団生活を工夫して運営し，地域的特性を有し，地域に応じた解決が求められる社会的論争問題に対処していく市民に求められる認識と資質」ととらえ，地理認識の形成を通した社会参加に関する資質の育成を力説しています。また，オーストラリアのニュー・サウス・ウェールズ州の地理教育について，「環境問題を中心とした現代世界の諸課題が社会的論争問題になっていることを意識し，生態的持続可能性という視点から，その解決に向けて価値的判断，実践的判断を行い，知識のある活動的な市民を育成している」と述べています。その前期中等教育段階では，まず世界地理，そしてオーストラリアの地理を取り上げていて，日本と同じ世界地理先習です。地球的論争問題としては，世界地理では，天然資源，水資源，生息地，観光，人権が，オーストラリアの地理では，海岸管理，都市盛衰，空間的不平等を，それぞれ取り上げて，環境との関わりから経済，社会領域の問題を考察するようになっているそうです[9]。

　なお，オーストラリアのビクトリア州では，「よりよい世界のための地理教育」論に基づき，同州地理教育者協議会が前期中等教育用に *New Wave Geography*（1988年）というテキストブックを開発して，ホームレスや核問題，ジェンダーや人種差別などを取り上げて，環境教育，開発教育，女性学習などの学際的な授業にも利用できるようにしているそうです[10]。

　社会科は市民性育成を目指しています。新学習指導要領では，「地域の

在り方」という新項目を設け，地域的な課題の解決に向けた考察，構想を内容として取り上げています。そして，既述の国際地理オリンピック試験問題のように，「地図や諸資料を有効に活用して，事象を説明したり，自分の解釈を加えて論述したり，意見交換したりするなど」（内容の取扱い）します。

　日本でも，事実認識と価値認識の両面を養い，地球市民性の育成に貢献する地理教育にしなければなりません。そのためにも，地理的探究や課題解決的な学習を積極的に取り入れるべきです。そして，そもそも「よりよい社会」とは何か，「発展」，「豊かさ」とは何か，意見を出し合い話し合って考えを深めるべきです。それは学校だからこそできる学びであり，大切にすべきです。

注
1) DfEE/QCA（Department for Education and Employment/ Qualifications and Curriculum Authority）（1999）：*Geography - The National Curriculum for England*. DfEE/QCA
2) 志村喬（2010）：『現代イギリス地理教育の展開―『ナショナル・カリキュラム地理』改訂を起点とした考察―』風間書房.
3) 荒井正剛（2011）：ニュージーランドの中等部社会科学習と高等部地理学習―市民性育成を重視する社会科地理教育―. 新地理 59-1, pp.16-27.
4) 村山朝子（1996）：スウェーデンにみる地理教育の構造と理念―新しい教科地理は何をめざすのか. 新地理 44-1, pp.1-14.
5) 国際地理学連合・地理教育委員会編，中山修一訳（1993）：地理教育国際憲章. 地理科学 48-2, pp.104-119. なお，本書では，原文を踏まえて，訳を一部変えたところがあります.
6) 国際地理オリンピック日本委員会実行委員会編（2018）：『地理オリンピックへの招待―公式ガイドブック・問題集』古今書院. pp.132-134.
7) 志村喬（2009）：イギリスの地理教育. 中村和郎・高橋伸夫・谷内達・犬井正編『地理教育講座第 1 巻　地理教育の目的と役割』古今書院.
8) 大西宏治（2008）：持続可能な開発のための地理教育に関するルツエルン宣言（全訳）. 新地理 55-3・4, pp.33-38.
9) 永田成文（2013）：『市民性を育成する地理授業の開発―「社会的論争問題学習」を視点として―』風間書房, p.14.
10) 金玹辰（2012）：『地理カリキュラムの国際比較研究―地理的探究に基づく学習の視点から―』学文社.

コラム 6　参考資料③　コンピテンシー・ベース　（資質・能力本位）を超えるカリキュラム
── イギリスの地理教育の歩みを踏まえて ──

　新学習指導要領のキーワードの一つに，コンピテンシー（資質・能力）の育成が挙げられます。この学習指導要領を作成する方向性を検討してきた有識者会議「育成すべき資質・能力を踏まえた教育目標・内容と評価の在り方に関する検討会」の座長を務めた安彦忠彦氏は，公表されたその「論点整理」の説明に個人的な見解を加味した著書[1]で，ESD の重要性，人格形成という教育の目的を見据えた能力育成とともに，教科ならではの認識育成の重要性を指摘しています。

　この教育改革では OECD の提言[2]や USA，イギリスなど海外の教育動向を踏まえています。しかし，既にコンピテンシー・ベースの教育に移行したイギリスでは，学習方法の工夫に偏り，内容が薄く，地理の授業で地理的内容があまりにも少ないといった問題が指摘されています。

　そこで，イギリスの地理教育の変遷を通して，今後の教育のあるべき姿を考えてみましょう[3]。1960 年代〜 70 年代，知識教授中心の教育から，子ども中心主義的な改革が進みました。しかし，学力低下などが問題となり，1979 年に保守党が政権を取ると，中央集権的な教育改革を進め，1991 年，イギリス教育史上初めて全国共通の「ナショナル・カリキュラム」（以下，NC）と共通基準による学力評価試験や学校評価を導入しました。初版 NC は内容過多で，現場から強く反対され，1995 年の改訂で内容を大幅に削減しました。そして，1999 年の第 3 版 NC 地理は，概念や技能，そして価値も志向した探究学習型カリキュラムとなりました。2007 年にも改訂がありましたが，ここまでは，概念的知識の重視，価値・態度の内容の導入といった改革が進められました。イギリスの地理教育を研究している志村喬氏は，知識，能力，価値・態度のバランスをみると，第 3 版が最も均衡がとれていると指摘しています。私は当時のイギリスの地理授業を拝見し，教材を収集・分析して，示唆に富む教育が行われていると実感しました。本書では当時の NC 地理やテキストブックなどを多く例示しています。

　現在は保守党政権下，市場競争的な能力偏重の保守的教育政策が採られています。これに対して，表面的にはアクティブな学習を行っている授業のようでも，地理の授業であるにもかかわらず地理的な概念や理解がないといった批判が起

こっています。そして，カリキュラムは事実的知識伝達に偏ったものでも技術的な方法コンピテンシー習得という学習に偏ったものでもなく，学校でこそ学べるはずの体系的な知識を重視したものにすべきであると述べ，日常経験で得られる知識ではなく，教科が基盤としている学問から抽出された概念的知識で，教科の思考を支えまたは可能にする「力強い学問的知識」[4]の重要性を主張しています。

　コンピテンシーの育成は重要なことです。しかし，それに偏らず，知識の質を見直し，認識と資質の両方をバランスよく取り上げることが大切です。基本は，教材観・生徒観・指導観をよく練ることです。

注
1) 安彦忠彦（2014）：『「コンピテンシー・ベース」を超える授業づくり　人格形成を見すえた能力育成をめざして』図書文化社.
2) これに対して，経済界の要請が反映され，市場競争的な能力が重視されているという批判があります。
3) 志村喬（2018）：イギリス教育界における「知識への転回」と教員養成―地理教育を中心に―. 松田愼也監修, 畔上直樹, 小島伸之, 中平一義, 橋本暁子, 吉田昌幸編著『社会科教科内容構成学の探求』風間書房. pp.212-234.
4) ランバート, D. 広瀬悠三・志村喬訳（2017）：地理の教室では，誰が何を考えるのか？―力強い学問的知識とカリキュラムの未来―. 新地理 65-3, pp.1-15.

第5章　地誌学習の意義とあり方
── 地域から学ぶ ──

ほかの地域を学ぶ意義（抜粋）
- ほかの地域との相互依存の認識
- 世界中のほかの地域の人々に対する肯定的な態度の形成
- 子どもの視野を広げる地球的な視野の形成
- 場所や環境，文化における多様性の尊重
- 無知やえこひいき，偏見，先入観の克服

Simon Catling（イギリスの地理教育学者）[1]，荒井訳．

【本章のねらい】

　地理学では地誌は系統地理と車の両輪と言われ，地理学の本質は地誌学であると言われています。しかし，地理学が計量化や理論化の道を進むと，地誌学は科学にならないとされ，その影が薄くなりました。その一方で，中学校の地理教育の中心は，世界と日本の諸地域学習です。平成10年版学習指導要領で，世界の国と日本の県をそれぞれ2~3選んで，その調べ方や学び方を学ぶこととなった時，教員の疑問や反発が強く，次の改訂で，世界や日本の諸地域学習が「復活」しました。このように，日本の教育界では，諸地域学習に対して強い支持があります。しかし，残念ながら，生徒には相変わらず暗記科目と映り，生徒を惹きつけてきたとは言えません。

　上に引用したCatlingは，このほか，場所についての子どもの関心や知的好奇心を活かし伸ばすことなど，計10項目を挙げています。上記5項目の基底には世界各地の人々を尊重する姿勢を読み取れます。

　地理学者は，各地域にみられる諸事象を，その地域の枠組みから考察します。そして，各地域の地域性に応じた合理性を見出すことがよくあります。こうした考察は多様性を尊重する姿勢につながります。それは平和の実現に欠かせない資質であり，地理教育でもっと重視すべきです。

1. 生徒の諸地域学習への期待

　中学生は諸地域学習に対してどう思っているのでしょうか。2010年，新入生160名（男女各80名）に対して，世界については新年度最初の授業日，日本については2学期最初の授業日に，それぞれ尋ねてみました。

（1）世界や日本の諸地域学習への関心の高さ

　「あなたは，世界の国々や人々のことを学ぶことに関心がありますか。」と，世界の諸地域について学習することへの関心度を5段階で答えてもらいました。図5-1のように，関心があるという回答が8割以上，特に女子では9割を超え，関心がないという回答は全くありませんでした。5段階平均値で男子3.875，女子4.25と関心が非常に高いです。関心が特に高い内容は，各地の生活や文化などの違いです。中学校で本格的に学ぶ世界への関心の高さに，教師はしっかり応えていかなければいけません。

　一方，日本の諸地域の学習については，1割弱の生徒が外国の方に関心があると回答しているように，世界ほどではないですが，関心があるとい

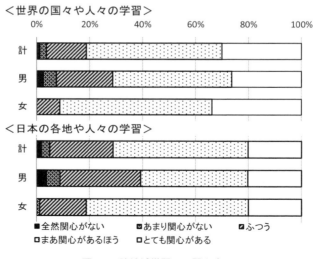

図 5-1　諸地域学習への関心度
n=160（男女各80）。

う回答は7割以上に上っています。関心度は5段階平均値で男子3.64，女子4.00で，関心が特に高い内容は各地の自然や文化などの特色です。

（2）世界や日本の諸地域を学ぶ意義

次に「なぜ世界の国々や人々のことを学ぶと思いますか」，自由に書いてもらいました。中学校1年生，しかも新入生にいきなり聞いて，どの程度書くか心配していましたが，とんでもありませんでした。

図5-2のようにいろいろ出ましたが，将来役に立つという回答が多いほか，交流のため，異なる文化や習慣を知るため，平和や協力に必要，世界を良くするといった回答が多いです。また，日本のことがよくわかるといっ

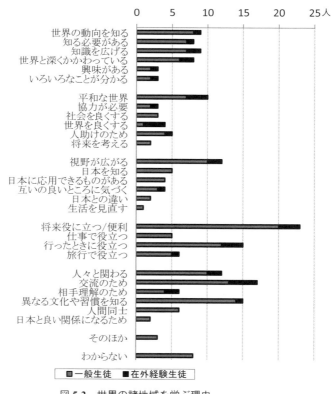

図 **5-2** 世界の諸地域を学ぶ理由
複数回答。n=160。

た視野の拡大に関する回答も見られます。こうした回答に「世界の諸地域」を学ぶ意義が凝縮されていると言えるでしょう。子どもってすごい！世界の人と仲良くなろう，平和な世界にしよう，日本について広い視野から見直そうと考えている生徒の健全な期待に応えなければいけません。

　日本の諸地域については，半数強の生徒が「自分の国のことを知るのは当然」といった回答をしています（図5-3）。また，世界の場合と同じく，各地域独特の生活や文化などへの関心がうかがえます。

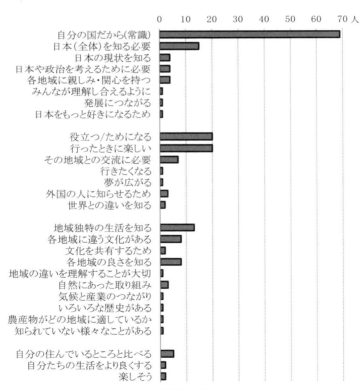

図 5-3　日本の諸地域を学ぶ理由
複数回答。n=160。

2. 地誌学習の特長と教育的意義

（1）地誌学習の特長

　「地誌学習」とは，ある地域を設定し，その地域性を（総合的に）考察する学習と定義できます。中学校の地理教育では，基本的に世界と日本の地誌的な学習が，その中核を成してきました。

　地誌では，各地の地理的諸事象について，自然環境との関係，ほかの地域との関係，歴史的背景などを視野に入れて，その地域の地域的枠組みから理解しようとします。つまり，自分の常識や考察の尺度に縛られず，その地域の論理にしたがって共感的に理解しようとするような寛容的な姿勢が求められます。

　例えば第3章で取り上げたアフリカ州の学習におけるサバンナの混栽は，その自然環境に適した「合理的」な農業と言えます。特に「途上国」については，「先進国」の常識では理解できないことが多く，ましてや，単純に比較することは危険です。それは中東にも言えます。この地域は，乾燥地域が広がること，イスラームが広く信仰されていることから，しかも，イスラームが他の宗教よりも日常生活との結びつきが深いため，日本人にとって理解しにくい地域ととらえられてきました。国際理解や国際協力を進めるためには，こうしたある種の壁を乗り越える必要があり，そこに地誌学習の役割を見出せます。

　地誌学習ではともすると，「地方的特殊性」ばかりに目が向きがちです。しかし，共通点も見られます。そこから概念的な知識を得ることができます。また，どの地域に暮らす人々も，よりよい生活，幸せな生活を求めて励んでいます。その「よりよい」，「幸せ」，「豊かさ」といった価値基準に違いがあるだけです。同じ人間としての共通性を見出すことで，人々に対する違和感が薄れ，連帯感さえ生まれると思います。

（2）地誌学習の教育的意義

　地理教育・社会科教育の立場から，西脇保幸氏は次のように述べています[2]。

> 地誌学習とは：地域に対する見方を陶冶し，様々な人間の生き方や社
> 　　　　　会の在り方を具体的な地域を通じて学習すること
> 目　　的：自分なりの生き方につながる世界観や世界像を形成すること
> 在り方：人々が同じ人間として何を考え，どのような悩みを抱えてい
> 　　　　　るのかを認識する。他の地域に暮らす人々の価値観を子ども
> 　　　　　自身の価値形成に生かす。地域性を認識したうえで，人間の
> 　　　　　生き方と社会の在り方を議論できる学習

　山口幸男氏も，地誌学習は人間形成的意義・教育的意義が最も大きい地理学習と，その価値を強調しています[3]。

　地理学者で，地理教育国際憲章を翻訳するなど海外の地理教育についても造詣の深い中山修一氏は，地理教育について，人間の生き方，とりわけ，より正しい世界観（世界像）を育てることに価値が見出されるとしたうえで，それに最も重要な役割を果たせるのは地域性の認識であり，その方法が地誌的考察であると述べ[4]，地誌学習の意義を強調しています。

　地誌学習に関する数々の実践研究も，世界や国土の認識，異文化理解を通して，自己や自地域を相対化してとらえ，自分の価値観の形成に役立てることを強調しています[5]。以上から，地誌学習の意義を次のようにまとめられます。

> 　地域の特色や課題をとらえ，その人々の営みをその地域の枠組みで
> 共感的に理解することを通して，多様性を尊重する寛容的な態度を
> 育てるとともに，自己や自地域を相対化してとらえ，人間の生き方
> や社会のあり方について考える。

　こうした地誌学習の教育的意義を発揮するためには，教養としての「地域を学ぶ学習」ではなく，「地域から学ぶ学習」にするべきです。すなわち，様々な地域に生きる人々の営みを通して，広い視野から自己認識・社会認識を育み，自身の生き方や社会のあり方について考えるようにして，公民的・市民的資質を育成します。

　ほかの地域の理解は人間理解にも通じると思います。地理学は地域を対象にしていますが，そこに生活している人々の営みに注目しています。対

象とした人々を理解するためには，相手を多面的・総合的に，かつ共感的にとらえる態度が求められます。人間がそれぞれ個性と共通性を持つことの認識は人間関係の基本と言えます。地誌学習の多面的・多角的な考察を通した多様性の認識は，人間を多面的・多角的にとらえ，その多様性を尊重すること，つまり個性の尊重と寛容さを育成することに通じるでしょう。こうした地誌学習の人間形成に果たす役割を意識しましょう。

　地理教育国際憲章は，「地誌学習は，国際化，地球主義化についての考察を求めるとともに，地域分離主義の落とし穴にはまることのないよう留意しなければならない」と述べています。まちがっても自国中心主義的な偏狭な地誌学習にしてはいけませんし，それは科学的な地誌学習ではありません。

3. 地誌学習の考察の視点

　地誌学習では，各地域の人間の多様な生活を，人間と環境の関係，地域と地域の関係を通して学びます。前者については自然との共存，すなわちESDの視点から考察することが重要です。後者については生徒が自分と各地域との相互依存関係を認識すると，関心が高まりやすいです。どちらについても各地域の文化的価値基準にしたがって科学的に，かつ共感的に理解しようとしなければいけません。そして，多様性を尊重する姿勢を育てるとともに，同じ人間としての共通性についての認識を深めましょう。

　以上のことから，地域を考察する具体的な視点として，次の4つが考えられます（図5-4）。

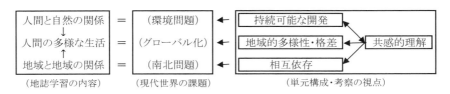

図 5-4　外国地誌学習の内容と考察の視点
出典：荒井正剛（2006）を一部修正．

①地域的多様性・格差：多様な生活や価値観を尊重することは地理の基本的態度であり，地球市民性の基本と言えます。地域に対するステレオタイプを解消するためにも，地域内の多様性をバランスよくとらえましょう。一方で，都市と農村の格差など，地域格差が広がっています。その格差が生まれる原因を考察して，社会のあり方を考えるようにしたいです。

②持続可能な開発：人間と自然環境の関係や環境問題を考察する視点です。伝統的な生活や農業は，地域環境に適した持続的な営みであることが多いです。

③相互依存：地域と地域の関係や南北問題を考察する際に求められる視点です。貿易や観光，海外協力などについて，国家間・地域間の関係のあり方を考察する際に，この視点をふまえて，相手の立場からも考えることが重要です。

④共感的理解：上記①～③の考察においては，ローカル規模の具体的な地域を通して，人々の立場・価値観をふまえて共感的に理解しようとすることが求められます。また，人間としての共通性・普遍性に気づかせます。

4. 地誌学習のアプローチ

（1）地域区分

　日本の諸地域については，学習指導要領は特定の地域区分を指示していませんが，学校では7地方区分が定着しています。しかし，日常生活では，例えば「中部地方」という区分はあまり用いられていません。また，例えば三重県は近畿地方に区分されていますが，実生活では，県北部を中心に名古屋大都市圏との結びつきが強く，東海地方に含めることが多いです。7地方区分のような形式地域について地域性を追究する意味はあるのか，考えものです。

　形式地域に対して，農業地域といった具体的な内容による実質地域とよばれる地域区分があります。それはさらに，気候区のような同質的な地域

をまとめた等質地域と、都市圏のような機能的なつながりによる機能地域に分けられます。例えば人口や産業に注目して、太平洋ベルトとそれ以外の地域といった地域区分も考えられます。過去に7地方区分ではない地域区分による教科書も編纂されましたが、採択率が低かったそうです。

　世界についても、アジア州という大きな区分では、地域的多様性が大きすぎます。平成27年検定済教科書は全て、さらに東アジア、東南アジアといった、より小さな地域に分けた展開をとっています。地理学的には、降水量の有無に着目して、季節風の影響を受けて多雨な「モンスーン・アジア」とそうでない「乾燥アジア」という分け方があります。また、北アメリカ州と南アメリカ州という区分と、歴史的・文化的な観点から分けたカナダ・USAとラテンアメリカという区分のどちらが良いのでしょう。かつては「西アジアと北アフリカ」といった地域設定が教科書によく用いられました。両地域とも、乾燥地域が広がり、イスラームが広く信仰されているといった共通性に着目した設定です。世界を6つの大州で学ぶことは、平成20年版学習指導要領からのことで、それまでは地域区分の指定はありませんでした。

（2）地誌学習の考察の方法

　伝統的な地誌では、自然環境、人口、産業、生活などといった項目ごとに考察し整理する方法（静態地誌）を採ってきました。地理教育でも、長くこの方法が採られてきましたが、羅列的で平板な学習に陥り、知識過剰なまま暗記が強いられるなどとして、生徒の関心をあまり高めませんでした。

　そもそも地域の諸事象は、相互に密接に関係しています。そこで、それらを個別に取り上げるのではなく、そのなかから地域の特徴的な事象を中心に取り上げて、他の事象と有機的に関連づけて地域を考察する方法（動態地誌）が採られるようになりました。学習指導要領は平成20年版から日本の諸地域で動態地誌的な学習を採っています。この方法ですと、特色ある事象が見られる理由を追究するような学習にすることができます。

　動態地誌にも課題はあります。中心に取り上げる事象を何にするか、その根拠が客観的に納得を得られるものでなければなりません。その事象が

政治的・恣意的な判断で決められては地域像を歪めかねません。また，中心に取り上げる事象とあまり関係のないものは全く取り上げられないこともあります。したがって，地域と地域を比較するのには向いていません。その点では静態地誌的な学習が役立ちます。その場合，2つ目以降の地域の学習の際に，前に学習した地域と比較するなどして，発展性のある学習を展開すれば，その学習の効果は期待できます。

　地域間の比較という観点から，対照的な，または類似的な性格を有する2つの地域を比較して考察する比較地誌という方法もあります。高校ではこの方法も取り上げられ，例えば対照的な地域としてサハラさばく以北と以南を，また，類似的な地域として西アジアと中央アジアを取り上げて，相違点と共通点に着目しながら，各地域の地域性を考察する学習も見られます。

　中学校の諸地域学習では，時間の制約もあり，地域を総合的に考察することは容易ではありませんから，本来の意味での地誌学習は難しいとも言えます。そのなかでは，動態地誌的な学習は，課題追究的・探究的な学習に向いていますし，各事象の関連を考察する教育的な意味もありますので，現状では最適と言えそうです。

(3) 地誌学習のカリキュラム

① 同心円的拡大カリキュラムと世界地理先習

　日本では，児童が経験できる身近な地域社会から始めて，より遠い地域を順次学習していく同心円的拡大カリキュラムが採られてきました。かつては小学校6年生で世界を取り上げていた時もありました。中学校では昭和33年版学習指導要領以降，身近な地域（郷土），日本地理，世界地理と同心円的に学習対象地域を広げ，昭和44年版では，さらに最後に「世界の中の日本」として日本を広い視野から見直す学習が置かれていました。

　ところが，昭和52年版からは，小学校で世界の学習がなくなったことなどがあって，世界を先に学習することになりました。世界を先に学ぶと，「広い視野」，すなわち，国際的な視野から日本を考えるうえで効果があるという良さはあるでしょう。しかし，中学校1年生という発達段階や歴史的分野の学習が進んでいないことを考えると，あまり高度な内容は取り上

げられません。

　高校では世界認識が中心でしたが，平成30年版学習指導要領において，「地理総合」で「生活圏の調査と地域の展望」が，「地理探究」で「現代世界におけるこれからの日本の国土像」が，それぞれ最後に位置付けられ，それまでの学びを活かして，広い視野から生活圏や日本について考察することになりました。

② 網羅型カリキュラム

　「地誌学習」は，必ずしも全ての地域を網羅することを意味していません。中学校学習指導要領では「世界の諸地域」や「日本の諸地域」という表現で，基本的に世界や日本の各地を網羅する学習が行われてきました。新学習指導要領では地理的分野に充てられるのは115時間で，各地域に平均して5時間程度しか配当できません。その限られた時間で多面的・多角的な考察や総合的な把握はできるでしょうか？　ましてや各地域の学習にパフォーマンス課題を入れるなどしたら，取り上げる学習内容はさらに減らす必要があります。

　何のために世界や日本の諸地域を学習するのか，また，かけられる時間数に応じた単元構成を考える必要があります。

5.　イギリスにおける外国の学習

　イギリスでは，欧米諸国では珍しく地誌的な学習もあります。示唆に富む1999年版ナショナル・カリキュラム地理における地誌的な学習を紹介します。

　小学校3~6年生（キー・ステージ2）では，イギリス国内と経済的にあまり発展していない国（Less economically developed countries：LEDC）から，それぞれローカル規模の地域を取り上げます。それは，人々の営み（具体的な子どもの生活を中心にすることが多い）を具体的にとらえるためです。

　中等教育学校1~3年生（キー・ステージ3）では経済発展段階の異なる2つの国を取り上げ，各国内の地域的な違いとその原因・影響，各国の開発の程度などについて学習します。

81

表 5-1　イギリスのテキストブックにおけるブラジルの単元構成例

テーマ	学習内容	活動・スキル・態度	資料（P：写真，M：地図）	頁
ブラジルについて何を知っている？	ブラジルの明るいイメージ	ブラジルの既得知識 景観写真の分析 地理的な質問づくり	P：サンパウロの都心 P：イタイプ・ダム M：イパネマ海岸	2
	ブラジルの諸問題 不平等な社会	肯定的イメージと 　否定的イメージ 写真の撮影地域は？	P：サンパウロのファベーラ P：森林破壊による河岸侵食 P：南米の衛星画像	2
位　置	場所の位置関係	スケール， イギリスからの旅行 ルート	M：様々なスケールでみたブラジル	1
広　さ	国土面積	国土面積の比較	M：南米とヨーロッパの行政図	1
ブラジルはどんな国か？ 国内のおもな違いは何か？	南部と南東部：自然環境 人口集中と産業の発展	生徒向けに3週間でブラジルのことがよくわかる調査旅行計画を立てる （行く場所と時期，注意事項を含む．対照的な地域に行くこと．）	P：都市景観 M：州別地図 P：機械化農業 ・サンパウロ都市圏模式図	2
	中西部：自然環境 　　伝統的な生活と変化		P：放牧 P：ブラジリア	1
	北東部：自然環境 　　人文的特徴		M：ダム ・干ばつの新聞記事 P：伝統的な農業	1
	北部：アマゾンの生態系 伝統的な生業の持続性		P：熱帯雨林内の写真 ・魅惑的な生物の図	2
開発されている国とは？	広義の開発と狭義の開発 人間に基本的に必要なこと	自分の考えに近い意見と反対の意見等についての考察	9人の生徒の多様な意見	2
ブラジルはどの程度開発されているか？	多様な開発指標	読図（経済発展の国による違い） 開発指標の重み付け	M：国別GDP ・南米の国々の開発指標の統計	2
ブラジルでは開発はどの程度成功しているか？	アマゾン横断道路の効果と問題 大規模な牛の放牧と問題点	1960年以後の開発の歴史の整理とその影響（良い点と悪い点）の総合評価	M：ブラジルの道路網 P：アマゾン横断道路 P：熱帯雨林の破壊と放牧	2
	ロンドニアの開発 　（貧農移住政策）		M：ロンドニアの土地利用 P：森林破壊（衛星画像）	
	カラジャスの鉄鉱石採掘		M/P：カラジャス開発	1
	ブラジルの変化とその影響			1
振り返り	各地に住む6人の生活 開発によるそれぞれの利益	ロール・プレイ 6人の間の開発利益の一致と対立	・ロンドニア，アマゾン，北東部の各住民 南東部のスラム住民 労働者，豊かな住民	2

Hopkin, J. ed. (2001) *Geography Matters 2* (Heinemann) pp.64-87. により作成。

資格・カリキュラム局（QCA：Qualifications and Curriculum Authority）という政府の特殊法人が作成した指導事例（Schemes of Work）では，ブラジルとフランスが取り上げられています。ブラジルについては，人口，開発，環境問題の各テーマも含めて取り上げています。おもな内容はブラジルの位置，イギリスとブラジルの結びつき，国内の地域差，自然的・人文的特徴，多様な開発指標，熱帯雨林の開発と環境問題です。開発指標については，経済的指標や社会的指標を評価して，生活水準（standard of living）と生活の質（quality of life）を対照しています。また，統計数値は平均値であるために表れにくいが，実際にはたいへんな不平等が存在していることを，具体例を挙げて示しています。熱帯雨林の開発については，多国籍企業，世界銀行，環境保護論者，政府，住民，周辺国，世界的な強国を取り上げて，意思決定力の差にもふれつつ，それぞれの立場を踏まえて，持続可能な開発の観点を含めて考察させています。作業学習やグループ調査，討論を通して，様々な価値観・態度にふれて，自分の意見を，根拠を基に図示するなどして説明する地理的探究が行われています。

テキストブックでは，表 5-1 のように，まず既得知識やイメージを取り上げて，ステレオタイプからの脱却を図る工夫がみられます。そして，国内の地域的多様性と地域格差，各地域が抱えている開発や環境問題について（観光もよく取り上げられます），様々な立場から考察します。豊かな地域と貧しい地域，都市と農村，男性と女性の両方を示すなどして，バランスをとっています。

6. 世界の諸地域学習のあり方

（1）取り上げるテーマ

世界の諸地域の学習では，何をテーマに学習するのが良いでしょう？

学習指導要領では，平成 20 年版は，主題を設けて，その地域的特色を理解させることとし，平成 29 年版は，それに加えて，世界各地で顕在化している地球的課題が当該地域の地域的特色の影響を受けて，現れ方が異なることを理解させ，地域で見られる地球的課題の要因や影響を多面的・

多角的に考察し表現する力を身につけさせることにしました。その地球的課題としては，持続可能な開発目標（SDGs）などの課題から，地球環境問題や資源・エネルギー問題，人口・食料問題，居住・都市問題などに関わる問題を挙げています。

　それを受けて，また，パフォーマンス課題が注目されて，地球的課題を議論したりその解決方法を考えたりする授業が増えてきました。特に多いのが南アメリカ州でアマゾンの開発について議論する学習です。しかし，議論に必要な前提知識の学習が不十分だと，机上の空論になったり，現地の枠組みで議論しないで一面的な見方で終始したりする恐れがあります。地理的分野において養う判断力について，学習指導要領解説が「地理的な課題を把握して，解決に向けて学習したことを基に複数の立場や意見を踏まえて選択・判断できる力を意味している」（下線荒井）と述べているように，開発問題は様々な立場から考える必要があります（コラム 7 参照）。

　アマゾンの開発は私たちとは無縁ではありません。日本はアマゾンから鉄鉱石や大豆，医薬品原料などを輸入していて，それらの開発・輸出のために日本企業が参入し，それに伴う道路建設などによって熱帯林が破壊されてきたのです。アマゾンの南のセラードと呼ばれるやせた灌木地での大豆生産の開発には JICA（国際協力機構）も援助しました。それはブラジルの貧農救済と内陸部の開発推進に加えて，日本人の生活に深く結びついている大豆の輸入先を分散させる（日本の輸入依存度が高い USA での不作は，1973 年以来時々日本の食料品価格を上げるなどしています）意味合いもありました。今やブラジルは世界最大の大豆輸出国になりました。地球的課題を取り上げる際は，第Ⅰ部で述べたように，自分と関わっていることに気づかせて，他人事としないことがまず第一歩で，「空間的相互依存作用」に着目すべきです。よく理解しないで議論するよりも，課題の解決について，アグロフォレストリーやエコツーリズムなどの持続可能な開発の取り組みの例を取り上げる方がよいでしょう [6]。学習指導要領は世界の諸地域の学習で議論することを必ずしも求めていません。

　主題として地球的課題を取り上げることは教育的にたいへん意義深いです。本書でも第Ⅰ部で，北アメリカ州で，経済発展がもたらした環境問題

や資源・エネルギー問題，都市問題を，また，アフリカ州で南北問題を軸に貧困や紛争，都市問題などを取り上げています。

　しかし，その一方，もう一つのねらいである地域の特色についての認識が一面的になる恐れもあります。特に「単元を貫く問い」にこだわると，配当時間が限られているので，それに関わらない内容がそぎ落とされる恐れがあります。例えば南アメリカ州の特色として従来取り上げられてきた「人種のるつぼ」と言われる多様な民族構成や独特のラテン系の文化は取り上げにくくなります。そもそも熱帯林破壊の問題はアマゾン固有の問題ではなく，東南アジアでも見られます。むしろ，東南アジアの方がこの問題と日本の関わりがわかりやすいです。

　アフリカ州の実践でも触れたように，その経済的自立の遅れを学習課題として取り上げるのはよいのですが，それが「アフリカ＝貧しい」で終始してしまう，あるいはそうした一面的な見方を助長してしまってよいはずはありません。中学1年時では世界史や国際政治・国際経済についての学習がまだ行われていないことを考えるべきです。

　つまるところ，地域の特色と地域の課題のバランスの問題と言えます。課題に偏り過ぎると，地域性の理解が一面的になったり，各地域の地域性を活かしてきた人々の営みが取り上げられにくくなったりして，異文化理解の観点からたいへん気になります。

　世界の諸地域の学習では，地域の特色をその地域の枠組みで考察すること，そして，地域の課題と自分たちとの関わりに気づかせて取り上げ，課題に直面する様々な立場の人々の悩みや意見を受け止めたり，その解決への取り組みに注目したりすることを通して，地球市民性を育成するべきでしょう。

（2）取り上げる地域スケール

　仮に全世界を網羅する学習をするにしても，現状の限られた学習時間では限界があります。アジア州，オセアニア州といった大州という地域規模の学習については，そもそもそれが形式的な地域区分であるため，統一性があるわけではなく，地域性を理解するのは容易ではありません。また，教科書を見ても，北アメリカ州は USA，南アメリカ州はブラジル，オセアニア州はオー

ストラリアが中心となっています。取り上げる地域スケールとして，国は比較的わかりやすいと言えますが，どうしても面積が大きく，地域内で経済的に最も大きな力を持っている「大国」に偏りがちです。それでも，日本との結びつきから考えると，それらを取り上げる一定の意味があることは否定できません。しかも，今までと違って地理教育が中学校で終わるのではなく，高校でも行われるようになるわけですから，中学校では日本と結びつきの強い「大国」を取り上げて，高校の地理総合の「国際理解と国際協力」の単元では，それ以外の国々を取り上げることも考えられます。

　「大国」を中心に取り上げたとしても，第1章の北アメリカ州の授業実践で示したように，その国内の多様性に目を向けるとともに，大州規模で考える場を設けるなどして，取り上げる地域をマルチ・スケールでとらえるようにすべきです。地誌学ではローカル規模のフィールドワークを含んだ事例地域の研究を複数重ねるなどして，リージョナルな，あるいは国家規模の地域をとらえようとします。それは事例地域には，地域的な特殊性だけでなく，国など，それより規模の大きい地域に共通する特徴を見出すことができるからです。

　ローカル規模の学習はたいへんわかりやすいです。イギリスのテキストブックでは，その地方に住む具体的な人物をよく取り上げています。そうした等身大の人間の営みを取り上げると共感的に理解しやすくなります。また，地域の課題を取り上げるときは，様々な立場の人の意見をイラストを付けて取り上げています。必要に応じてほかの地域ではどうなのか調べます。こうしたローカル規模で見られる地理的事象の背景を探るために，国家規模あるいはグローバル規模から考察します（マルチ・スケール・ジオグラフィー）。

7．日本の諸地域学習と身近な地域の学習のあり方

（1）日本の諸地域の学習

　日本の諸地域については，重点の置き方は別として，これまで自然環境，人口と都市・村落，産業，地域の結びつきといった観点で学習しています。

各地域の特色を理解することもさることながら，今後の自国のあり方を考えるために，各地方の課題に目を向けるべきでしょう。特に過密・過疎の問題や地域格差は地理的な大きな課題です。学習指導要領が求めているように，同じ日本に住む者として「空間的相互依存作用」，特に各地方と自地域との関わりを意識して学習を展開するべきでしょう。

　「地方」の中学生は，マス・メディアを通じて，毎日のように東京の情報に接していますが，東京の中学生は，いや大人も「地方」についての認識は十分ではありません。むしろ東京中心主義に陥り，国土面積の半分を占める過疎地域が抱える問題を気に留めることすらないようです。沖縄や福島の痛みをどれだけの都民がわかろうとしているでしょうか。日本の諸地域の学習を通して，各地方の特色を知るとともに，地域の課題やその解決・今後のあり方について考えれば，各地方の立場を踏まえて日本のあり方を考えることが期待できます。

　東京の生徒が東北地方を学習すると，農産物はもちろん，電力から観光まで，いかに多く東北地方に依存しているか気づかされます。社会増加率をみると，北東北の3県は常にマイナスで（コラム12：p.124 参照），その多くは東京に出ています。東北から東京に出かけた恋人や家族などをテーマにした歌やドラマが人々の胸を打ってきました。東北地方の人々が東京都民に向けるまなざしはいかがなものでしょう？

　平成20年版学習指導要領から，日本の諸地域の学習では「○○を中核とした考察」が採られています。東北地方については，全社の教科書が生活・文化を中核とした考察として，農林水産業や伝統工業，伝統的な祭りと観光を取り上げています。東北地方の先生方は，それに理解を示しながらも，東北地方についてのひなびたイメージを助長しかねないと心配していらっしゃいます。

　日本の諸地域の学習は，自国や自地域の今後のあり方について考えるうえで意義があります。そして，この学習の最後に，日本を改めて国家規模で見直すような学習があるべきでしょう。学習指導要領では平成20年版も平成29年版も日本の地域的特色をとらえる学習が「日本の諸地域」の前に位置付けられていますが，昭和30年版と昭和33年版は，「日本の諸

地域」の後に「全体としての日本」という単元を位置づけていました。また，自地域の課題を意識して，各地域の中核として取り上げる事項を検討するとよいでしょう。教科書は全国版ですから，教科書を参考にして，各地をどういう順で，何を中核に取り上げるべきか検討しましょう。

　地図や統計などの地理的な資料は，世界よりもはるかに集めやすいですし，時には実際に現地を見に行きましょう。

（2）身近な地域の学習

　身近な地域（郷土）の学習は，かつては大単元として，昭和 30 年版では最初に，昭和 33 年版と昭和 44 年版では最後に位置付けられていました。昭和 52 年版と平成元年版では「日本とその諸地域」の中項目となり，「日本の諸地域」の前に位置付けられました（学校所在地を含む地域の学習と結び付けて扱ってもよく，それは以降も同じです）。平成 20 年版では地理的分野の最後に位置付けられ，「地域社会の形成に参画しその発展に努力しようという態度を養う」ことも含まれました。つまり，中学校では世界から日本，そして身近な地域へと焦点化していくことによって，自地域の将来像を構想する展開になりました。ところが，最後に位置付けられたこともあり，この学習がおろそかに扱われることも少なくありませんでした。

　平成 29 年版では，「地域調査の手法」と「地域の在り方」の 2 つの中項目に再編され，身近な地域の調査は前者で行うこととなり，「地域の在り方」については自地域についての学習でなくてもよいこととなりました。諸般の事情で，自地域の在り方を構想しにくいこともあるでしょうが，その場合でも自地域の将来像に資する学習にしたいものです。

　身近な地域の学習については，身近な地域を学ぶのか，身近な地域で学ぶのか，内容知と方法知のどちらを重視すべきか議論が行われてきました。しかし，野外調査はほとんどと言ってよいほど行われておらず，内容知も方法知も十分でないのが実態でしょう。海外の学校でフィールドワークがよく行われていることと比べると，嘆かわしい状況です。そして，ついに「身近な地域」という言葉が消えました。自分たちの住んでいる地域の在り方を考えることは，「民主主義の学校」と言われる地方自治の本旨にかない

ますし，Think globally, act locally. の精神にかない，地球市民性の育成にも
つながります。よりよい社会を創るという目標を学校と社会が共有しよう
とするならば，広い視野から自地域を調べ，その在り方を考える学習こそ
必要なはずです。

注
1) Cafling,S.（1995）：*Wider Horizons: the children's Charter*, Primary Geography 20.
2) 西脇保幸（1993）：『地理教育論序説―地球市民性の育成を目指して―』二宮書店.
3) 山口幸男（2011）：地理学習における動態地誌的学習の理論，山口幸男編著『動態地誌的方法によるニュー中学地理授業の展開』明治図書．pp.12-21.
4) 中山修一（2002）：地域の規模による地誌的考察の原理．日本地理教育学会編『新学習指導要領と地理教育Ⅱ』，pp.2-5.
5) 栗田明典（2018）：小学校社会科における世界地誌的学習の在り方―社会認識を踏まえた態度育成を図る学習構造―．新地理 66-1. pp.1-19.
6) 西澤利栄・小池洋一・本郷豊・山田祐彰（2005）：『アマゾン―保全と開発―』朝倉書店．アマゾンの開発の経緯，保全の努力について参考となる資料が豊富です。

参考文献
荒井正剛（2005）：中学校社会科地理的分野における外国地誌学習のあり方―イギリスの地理教育を参考にして―．新地理 53-3. pp.1-19.
荒井正剛（2006）：地誌学習―ほかの地域の人びとの営みから，自分と自分の地域を振り返ろう！．地理 51-10. pp.88-93.
荒井正剛（2013）：中学校における「世界の諸地域」学習のあり方―地域から学ぶ地誌学習―．新地理 61-1. pp.18-26.

コラム7 　参考資料④

イギリスの地理テキストブックにみるアマゾン開発

　A社のテキストブック[1]は，ブラジルについて 11 見開きを割いています。表5-1 で取り上げたテキストブックと同様，ブラジルの概観をとらえた後，都市への人口移動とスラムの形成，開発の程度，貧富の差，地域格差（特に北東部と南東部：「はじめに」の前の頁参照），輸出品の変化と工業化を取り上げた後，最後に熱帯雨林の開発と問題について取り上げています。そこでは，森林破壊について，国内外で論争があると述べ，表1の7つの立場の意見を提示しています（どの意見をだれが述べているかは示していません）。

89

表1　ブラジルの熱帯雨林の未来についての意見

ブラジル政府	熱帯雨林は我が国土の40%を占めている。資源が豊富なので，それを活かすべきである。資源から現金を稼いで，貧しい人々を助ける必要がある。
先住民	ここは何世紀にもわたってずっと私たちの故郷である。それを壊したり私達を追い出したりする権利はない。
環境団体	あなたがたは植物や動物を殺してきた。熱帯雨林の破壊は気候変動をもたらすかもしれない。そう，どんな害が起きるか誰にも分からない。
国内の貧農	私たちは貧しい。食物を育てる土地が必要なんだ。ここは広大な森林である。野生動物は私たちの子どもたちよりも本当により重要なのか？
外国政府	ブラジルの熱帯雨林は世界の動植物の50%を有しており，ブラジルはそれを私たち全員のために守る義務がある。ブラジルを条約にサインさせよう。
外国企業	私たちはもっと多くの木を切るため，そしてもう少し鉱山を開く許可を得るために本当に十分な支払いをするつもりである。
世界銀行	私たちは熱帯雨林においても，道路やダムのようなプロジェクトに多額のお金をあなたに貸すであろう。しかし，環境に気を付け，先住民を護るための計画を示さなければならない。

　次にブラジル政府が持続可能性を考慮していることについて，鉱業会社と木材伐採業者への指示内容などを具体的に列挙しています。それでも政府が熱帯雨林を横断する新しい道路を建設するつもりで，議論を呼んでいると述べています。最後に，熱帯雨林の利用として薬を挙げ，製薬会社のなかには先住民の知識を学ぶだけ学んで，特許権を奪っていると述べています。そして，表2のアクティビティを課しています。このように，熱帯雨林の開発について，政府や先住民はもちろんのこと，海外の企業や諸団体など様々な立場に注目して考察させています。

　高校では，泉貴久氏が3年生を対象に，「アマゾン熱帯林開発の現状と

表2　アクティビティ

1. 世界の熱帯雨林を破壊する行動をリストアップする。
2. それぞれの意見をだれが述べているかマッチさせる。
3. 自分が支持する立場を選択し，その理由を説明する。
4. 七つの立場にはパワーに違いがある。ブラジル政府に対して影響力を有する順に並べ，最も強い力を有すると考えた立場について，その理由を答える。
5. ブラジル政府は国のために熱帯雨林から何らかの稼ぎを得なければならない。開発され得るブラジル熱帯雨林の資源を全て挙げる。また，政府は熱帯雨林を持続可能な方法で開発したい。それはどういう意味か。
6. 特許権をとること，生物学的な特許権侵害とはどういうことか。
7. 製薬会社が治療に使える植物のサンプルを持ち出したことについて，文字が書けない先住民に代わって，製薬会社に先住民も利益を分かち合う権利があることを説明する手紙を書く。

持続的発展」（全 13 時間）をテーマに，価値判断・意思決定の過程を重視した探究型の手法をベースにした授業を実践しています[2]。意思決定・政策提言を求める学習を展開しているテキストブック[3] をヒントにしているようです。熱帯林の特色，先住民の生活，ブラジル社会の課題を指導した後，「アマゾンの森を開発するべきか？　保護するべきか？」，まずブラジル大統領の声明文，続いて，賛成派として州知事，ドイツの製薬会社社長，都市スラム居住者の意見，また，反対派として自然科学者，自然保護団体，先住民族の酋長の意見を読んで，議論させています。その後，持続可能な開発などについて考察させるという興味深い実践を行っています。

注
1) R. Gallagher and R. Parish (2001)：*geog.2*, Oxford University Press.
2) 泉貴久 (2012)：アマゾン熱帯林開発の現状と持続的発展．泉貴久・梅村松秀・福島義和・池下誠編『社会参画の授業づくり―持続可能な社会に向けて―』古今書院，pp.78-87.
3) P. Brooker, G. Brookes and A. Leeder (2001)：*Problem Solving Practice, Heinemann*. なお，次の文献は本テキストブックを ESD の観点から詳細に分析しています．泉貴久 (2009)：イギリスの中等教育用地理テキストにみる ESD の概念―日本の地理教育における ESD 実施へ向けての課題と展望―．専修人文論集 84，専修大学学会，pp.353-374.

コラム 8　私の実践例④　**新潟県** ── 東京との関わりを意識して ──

　本実践は平成 10 年版学習指導要領による県の学習です。取り上げる県は，学校所在地の県を含めて 3 つまで。1 県はグループ発表学習の対象とし（コラム14：p.144 参照），もう 1 県は自地域（東京都）と対照的な県のなかから，自地域と結びつきが深い新潟県を取り上げました。

(1) 第 1 時：「裏日本」？── 人口に注目して ──
　明治初期，日本で人口が最も多かった都道府県は？　図 1 によると，1 位は新潟県！　2 位は？　3 位は？　東京都は何位？　9 位か 10 位，え〜っ！なぜ新潟県が 1 位なの？　考えられることは？　新潟県は面積が大きい，ずるいという発言。面積に注目した君はえらい！でも，北海道は……。比較するときは面積や人口の

91

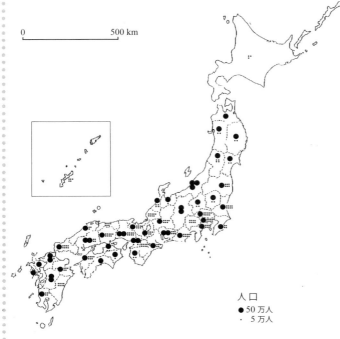

図1　1879（明治12）年の都道府県別人口
出典：『社会科中学新地理』帝国書院，1984年（一部修正）.

違いを意識すべきです。

　新潟県はどんなところでしょうか？　中学2年生です，指示がなくても地図帳を開きます。目立つのは広大な越後平野。そこを南から信濃川，東から阿賀野川が流れています。となれば稲作に好都合！　統計で水稲の収穫量が第1位であることをとらえます。正に多くの人口を支える糧です。また，二つの大きな川の流域を後背地に持つ新潟港は，江戸時代，西回り航路の港として栄えた歴史を復習します。

　新潟県の人口は1955年〜1970年代初期に減り続け，その後は少し増えますが，1996年以降は減り続け，今やトップ10に出てきません。なぜ順位が下がったのでしょう？

　新潟県から東京へ出て行ったという予想が出ます。1955~1993年に新潟県から流出した人口約65万のうち86％，約56万人が関東地方に流出したことをとらえます（古厩忠夫（1997）：『裏日本』岩波書店．p.179）。

　ではなぜ新潟県からたくさんの人が東京に出たのでしょう？　東京で工業が発達した，逆に新潟県では工業があまり発達しなかった，稲作が振るわなくなった，雪が多いといった予想が出ます。統計で，新潟県など北陸各県の工業生産額の低さをとらえます。積雪量について，高緯度の北海道地方よりも多い理由を考察し，水が必要な田植えのころに雪解け水を平野に供給してくれることに気づかせます。

(2) 第 2 時：亀田のおせんべいと魚沼のコシヒカリ ── 農 業 ──

　生徒に人気がある亀田製菓のおせんべいを見せます。袋に，工場の場所は新潟市の亀田工業団地と書いてあります。会社は 1946 年にこの地で創業（亀田郷農民組合委託加工所），米菓売上高は 1975 年以来日本一で，海外にも事業展開しています。ちなみに 2 位の三幸製菓，5 位の栗山米菓も近くに本社があり，以上三社で国内の半分以上（2013 年），新潟県は全国の約 57％（2016 年工業統計）を占めています。なぜ亀田周辺で米菓生産が発達したのでしょうか。

　地図でどんな場所か調べます。2 つの大きな川の間にあり，洪水が発生する恐れがありそうです。古い写真を見ると，泥沼のような湿田で，腰まで泥につかっての農作業はたいへんな重労働であったことがわかります。大河津分水ができて信濃川の水量が減り，排水機場ができて乾田となりました。米の質は良くはなく，屑米を米菓生産に使いました。もともと農家は米菓を屑米を使ってつくってきました。

　越後平野の景観写真を見ると，区画整理された水田が広がっています。統計で新潟県はじめ北陸各県の水田率が 9 割前後と高いことがわかります。後に，農家は銘柄米の生産に力を入れます。コシヒカリは北陸地方を指す「越（こし）の国」に「光」をという願いから命名され，食味は評価されましたが，倒れやすく，イモチ病に弱いという欠点がありました。有名な魚沼地方は，山間地の豪雪地帯という不利な環境にあり，米の質で勝負すべく，その改善に努力してきました。それでも，魚沼市の人口は減少しています。

　生徒は低湿地や山間地の稲作における人々の営みを共感的にとらえた一方，冬の仕事が少なく，東京へ出る人が多いことに複雑な気持ちになります。

(3) 第 3 時：信濃川が動かす山手線 ── 工業とエネルギー供給 ──

　都内の JR 東日本の電車を動かす電力の 1/3 とか半分とかが新潟県小千谷市の JR 信濃川発電所から送電されているそうです。豪雪地帯の越後山脈にダム式発電所が建設され，東京に送電しています。さらに，新潟県には柏崎刈羽原発があります。運営は東京電力で，その多くが首都圏に送られています。

　新潟県では電力が豊富なのに，なぜ工業が発達していないのでしょう？　この疑問を引き出したいです。東京都など太平洋側の地域と比べましょう。大都市が少ないこと，雪が多くて鉄道があまり発達しなかったこと，海岸線が単調で大きな港を造りにくいこと（砂丘が連なり，海岸に面する平地も狭い）が考えられます。新旧の高速交通網の地図から，高度経済成長期に新潟県はじめ日本海側の各県が高速交通網から取り残されていたことをとらえます。

　冬の副業から始まった伝統工業について，小千谷は冬の湿気で糸切れを防ぎやすいこと，雪の上でさらすこと，燕の洋食器は伝統的な研磨技術を活かしてい

ること，輸入量産品に押され高級品の生産にシフトしていることをとらえます。

(4) 第4時：「東京都湯沢町」―― 観 光 ――

新潟日報報道部（1990）『東京都湯沢町』（潮出版社）という本を見せます。湯沢町はどこか探します。地図帳の索引を使った生徒が新潟県にあると言います。苗場地区も含めて，湯沢町に行ったことがあるという生徒が半数近くいました。スキーと夏のキャンプが多く，新幹線や高速バスで行ったとのこと。

なぜ「東京都湯沢町」と呼んでいるのでしょうか？　東京から多くの人が行くからという予想が出ます。湯沢町の統計から，観光客が高速交通の発達とともに増加していることがわかります。スキー客が多い冬はごみが増加したり渋滞したりします。新旧の写真を比較すると，かつては川端康成の『雪国』に描かれたひなびた湯治場でした。新幹線で東京から1時間半で行けるようになると，「国境の長いトンネルを抜けると，そこはリゾートマンション群だった」！景観は一変！本に出ているリゾートマンション建設状況の表から，大規模であること，事業者も施工者も東京の大企業であることをとらえます。購入者の多くは投資目的。バブルがはじけて価値が暴落。地元には利益があまり還元されていません。

(5) 第5時：本当に「裏日本」？―― 他地域との結びつき ――

大陸から見た日本列島の地図を見ます。日本海側の都市が大陸との交通の玄関であったことがわかります。大陸との結びつきについて，姉妹都市や航空路を調べます。新潟市の5姉妹都市のうち3市がロシアの極東の都市（ハバロフスク，ウラジオストク，ビロビジャン）です。ほかに友好都市としてハルビン（中国），交流都市としてウルサン（韓国）があります。新潟空港から韓国や中国，台湾に定期便があることをとらえ，これらの国々の経済成長で，そのつながりが注目されている（環日本海経済圏構想）ことに気づきます。かつてはロシア航路もあり，また，日本で唯一，北朝鮮の貨客船が入港していたことにも触れます。

最後に，新潟県の発展の程度，すばらしい点について，意見を出し合いました。後者については，伝統工業や大陸との交流が多く挙がりました。

参考文献
清水希容子（2019）全国トップを維持する新潟県の米菓産業の歴史と発展要因．地理
　　64-6（特集：新潟　開港150周年の過去と未来）．
荒井正剛（2006）中学校社会科地理的分野における「日本の諸地域」の学習のありかた．東
　　京学芸大学附属竹早中学校研究紀要44. pp.11-22.（東京学芸大学リポジトリからダウ
　　ンロード可）．

第6章　異文化理解から考える地理教育
── 知識の質を問う ──

> 表面的な異質性を強調することは，
> その理解の妨げともなる。
>
> 高等学校学習指導要領解説地理歴史編

【本章のねらい】

　授業はわかりやすくなければいけません。そこで，教師は典型的な教材を用意しようとします。ところが，その「典型」がステレオタイプを助長するきらいがあります。例えば USA については，ニューヨークの摩天楼や，最近では円形農場や小麦の収穫の景観写真は「定番」です。私がロサンゼルスに行った時，都心の超高層ビルが少ないなあと思ってしまいました。よくよく考えれば，二つの川に挟まれたマンハッタン島と，平地が広がるロサンゼルスとでは地理的条件が違いすぎます。地震の頻度も違います。大人でも，USA にラストベルトと呼ばれるような衰退地域があることをどれくらい認識していたでしょうか？

　逆に情報が量的にも内容的にも限られている地域についてはどうでしょう。例えばアフリカは貧困，イスラームは怖いといったイメージが浸透しています。一番恐れるべきは，そのイメージを教師が助長しているかもしれないということです。なぜそうなってしまうのでしょうか？　それをどう克服したらよいのでしょうか？　本章では，異文化理解について，イスラームを例に考えます。

　異文化は国内にもあります。例えば食文化をとっても，西日本と東日本では違いが見られます。同じ日本人，同じ学校の生徒という同質性を求めて，違いを許容しないことはいじめや排除を起こします。多様性を尊重する必要があります。

　「結婚は最大の異文化理解」とは私の名言？　夫婦の異文化理解を支えるのは愛情に他なりません。異文化理解の基本は同じ人間としての相手に対する敬意や寛容の精神，ひいては人権感覚です。

1. 認識の貧弱さ

（1）基礎的な知識の正確さ

　教師が生徒の事前の認識を調べるのと同様の趣旨から，皆さんのイスラーム認識をチェックしましょう。次の問いのうちAは，都立高校で世界史を教えている松本高明氏が高校生に調査した質問[1]の一部です。

　A. 多くのムスリムやイスラームについて，次の各文は正しいですか？

　　1. 1日5回礼拝する。
　　2. 偶像崇拝を禁止する。
　　3. ユダヤ教徒，キリスト教徒と共通の神を信仰する。
　　4. 大半はアラブ人である。
　　5. 女性は黒い布で全身を隠す義務がある。
　　6. 聖職者に従う義務がある。
　　7. 日本に住むムスリムは数千人である。

　B. ① ムスリムが最も多い地域は次のどこですか？
　　　西アジアを除くアジア　　　西アジアと北アフリカ
　　　中南アフリカ　　　　　　　南アメリカ

　　② ムスリムが1億人以上いる国はありますか？
　　　あると答えた人はその国名を挙げてください。

＜正解＞
　A：1.~3. のみ〇。4. アラブ人は世界のムスリムの1/4以下です。5. 女性は顔の正面と手以外は露出してはいけないことになっています。隠す度合いは信仰の度合いや地域によって違います。また，「黒い布」といった色の指定はありません。6. イスラームでは神と人の間に介在者を置きません。集団礼拝では礼拝をリードする人がいますが，自分のペースでお祈りをします。7. 統計はないですが，10万人を優に超えるムスリムがいると言われています。
　B：①西アジアを除くアジア。　②インドネシア，パキスタン，バングラデシュ，インド（比率は低いが，総人口が多い）。因みにアフリカ一の人口大国ナイジェリアが1億人にせまる勢いです。

2015 年，社会科の教員免許取得をめざす学生 108 名に調査したところ，結果は惨憺たるもので[2]，A の正答率は，1 と 2 は 8 割以上でしたが，3 や 6 は半分強，5 はわずかに 21％でした。分布に関する B に至っては，①の正答率はわずか 14％！ ②では「ない」が過半数を占め，ムスリムが最も多いインドネシアを挙げられた学生は 3 割弱でした。別の問いで，インドネシアではムスリムが過半数を占めるかどうか尋ねたところ，正答率は 54％に止まりました。ちなみにエジプトも 54％でした。地理的認識が低すぎます。日本に近い国々にムスリムが大勢いて，著しい経済成長を背景に日本を訪れる観光客が増えています。地理的な知識を正しく持っていないと，こうした変化に対応できません。

（2）イメージと知識の関係

　知識以上に問題なのは，イメージです。松本氏は三大宗教についてのイメージも尋ねています。同じ調査を既述の学生にもしましたが，結果は概ね同じで，イスラームについてはキリスト教や仏教よりも特徴的な数値が出ました。すなわち，イスラームについて，「奇妙な習慣を持つ」と「さばくの宗教」というイメージがあるという回答が，キリスト教や仏教の約 10 倍，また，「不自由」，「攻撃的で怖い」，「得体が知れない」，「ひげを生やす」，「理解しにくい」が 3 倍以上と突出していました。そのほか，「教えを厳格に守る」，「異質な考えを認めない」，「結束力が強い」も 2 倍以上でした。

　中学生はどうでしょう？　表 6-1 は東京都の同じ区にある公立 A 中学校と本学附属 B 中学校で，イスラームについての地理学習が行われる前に調査した結果です。二つの中学校の数値を比較すると，知識については B 校の生徒の方が高いですが，イメージについては B 校はより否定的です。つまり，一定の知識を有する生徒の方が，より否定的なイメージを持っているということです。

　しかし，知識のうち，信者の分布については B 校の正答率が低いことは注目されます。これは，B 校の生徒がマス・メディア等で「イスラーム＝中東」といった誤解をしているからでしょう。その一方，イメージでは「平和的で穏やか」，「弱い人を助ける」といった肯定的イメージを有する生徒

表 6-1　中学校 1 年生のイスラームに関する知識・イメージ

(上 6 項目：知識：正答率%，下 8 項目：イメージ：回答率%)

	公立 A 校	附属 B 校
創始者の名前	38.4	45.0
聖典の名前	11.1	22.5
聖地の名前	11.1	53.1
断食する月がある（○）	67.7	88.8
豚肉を食べない（○）	77.8	87.5
信者の大半はアラブ人である（×）	35.4	22.6
遅れている	31.3	46.9
教えを厳しく守る	82.8	91.9
不自由	60.6	75.0
さばくの宗教	44.4	55.0
ひげを生やしている	38.4	53.1
平和的で穏やか	6.1	16.3
弱い人を助ける	6.1	18.1
理解しにくい	54.5	83.1

＊ A 校は 2016 年に 171 名，B 校は 2017 年に 160 名に対する調査結果。

は B 校の方が高率です。これは，最近，イスラームを取り上げた番組や図書が増えるなどして，そうした情報に接した生徒が B 校に多いためと考えられます。つまり，B 校はマス・メディア等の情報に，より多く接していますが，問題はその情報が断片的か否かです。知識の質が問われます。

(3) 写真と知識・イメージの関係

　別の本学附属中学校で，地理でイスラームについて学習済みの中学 2 年生に，写真について調査しました。

　まずムスリムの暮らしについて思い出す写真を 2 枚描いてもらったところ，2/3 強の生徒が礼拝を挙げました。それに，肌を覆う女性の服装がほぼ半数で次いでいました。また，1/6 弱の生徒が戦闘に関するものを挙げています。組み合わせで最も多いのは，礼拝と肌を隠すこと（1/4 強）でした。

　教科書を見ると，全社が集団礼拝と女性の服装の写真を載せています。ある教科書はアフガニスタン，インドネシア，トルコ，エジプトのムスリマ（イスラームを信仰する女性）の写真を載せて，体を隠す程度は地域によって違うこと，ジーンズをはいている人がいる地域もあることなどを示しています。

　生徒にこの写真を見てわかることを挙げてもらいました。4 割以上の生

徒は，ヴェールの着用や肌の露出のみを答えました。それに次いで，服装のカラフルさを挙げた生徒が2割強，また，楽しそう，仲が良さそうといった回答が1割弱ありました。しかし，地域的多様性に着目した回答は1割5分にすぎません。生徒たちは，自分が学習した知識を踏まえて，写真を一見して回答したと思われます。生徒の回答はまちがってはいませんが，固定的なイメージを写真で「確認」しただけと言えます。写真によってイメージが強化されることを示唆しています。

なかには「怖いというイメージとは違う」という回答も複数ありました。「笑顔の裏に自爆する人がいると思うと怖い」，「平和そうに見えるが影の指導者がいる」，「貧しい」という回答もありました。いずれも，思い出す写真でイスラーム過激派等を挙げた男子の回答です。「イスラーム＝過激派」というイメージが強く，ムスリムを疑いの目でしか見られないことがうかがえます。先入観の怖さを感じさせられ，その見直しが必要です。

以上のように，知識を断片的に持っている生徒たちに，イスラームをかなり否定的にとらえる傾向が読み取れます。

（4）地域的多様性

女性の服装は，地域によって，人によって多様であることがうかがえます。ウズベキスタンでは，図6-1のように，都市でも農村でも，ほとんどの女性が西洋風の服装をしていて，半袖も少なくなく，ヴェールを着用し

図6-1 ウズベキスタンのムスリマ
2018年，ブハラ市にて，荒井撮影。

図 6-2　ウズベキスタンのムスリムの墓標
三日月が描かれている。2018年タシケント市にて，荒井撮影。

ていません。長いソ連時代の影響でしょうか。しかし，礼拝の時には，肌や髪は隠します。礼拝を毎日5回する人は少ないようです。お酒を飲むムスリムも少なくなく，ウォッカを飲む人もいます。しかし，豚肉を食べる人には出会いませんでした。墓標には肖像が描かれていました（図6-2）。偶像崇拝は禁止ですし，一般にムスリムのお墓は，金持ちでも墓標すらないなど簡素なのですが。お隣りのカザフスタンでも同様でした。もっとも，同じウズベキスタンでも東部のフェルガナ地方には敬虔なムスリムが多いので，「一概」に述べることはできません。面倒くさいと思われるかもしれません。でも，それが事実であり，地理のおもしろさです。

　イランでは，ホメイニ師の肖像画が大きく掲げられているように，肖像も見られます。戒律はスンニー派の方が厳格なようですが，原理主義を採るイランでは，アルコールは販売されておらず，女性はチャドル着用が義務付けられているなど厳格です。一方，スンニー派が多く，政教分離政策が長く続いているトルコでは，女性の服装は西洋風で，1日5回の礼拝を行っている人は多くはなく，断食を行わない人もいるそうです。また，断食や巡礼を行わない少数派の宗派もあるそうです。

　地理学習では，こうした地域的多様性に留意して，一面的にとらえることのないようにすべきです。

　スンニー派とシーア派の対立がよく報じられていますが，宗教的な対立というよりも，経済的・政治的な格差によるようです。世界各地の民族紛争とよばれる対立も，政治家がその違いを利用して対立をあおっているだけのようです。

2. 語りの意義

　1日5回の礼拝，毎年1か月の断食，お酒や豚肉は禁止と聞けば，ずいぶんうるさく面倒な宗教だなと受け止められます。ムスリム自身は，イスラームの生活上の様々なきまりについてどう思っているのでしょうか？生まれながらのムスリムにすれば，他の選択肢を考えるまでもなく，それを当たり前のこととして受け止めていて，特段不思議なことではないのかもしれません。直接聞いてみると良いと思いますが，一人の方の話を一般化するのは危険です。いろいろな人に聞いてみるか，本で調べるなどするとよいです（コラム9参照）。

　エジプト人大学生で日本語学科所属のムスリム32名（女性18・男性14）に質問しました。断食をする意味については，半数弱が「貧しい人のことを思う」という回答でした。次いで，「すべての良くないことを自分自身から遠ざけることです。」といった心を「浄める」ことを意識した回答や，「神に使づく」などと神を意識した回答が多く見られました。そのほか，忍耐力を養う場という回答も見られました。

　ちなみに大学の授業で，マレーシアの留学生に来てもらった時，ラマダーンは楽しいという発言が出ました。学生はびっくり！でも，ラマダーン（断食月）の日没後の食事は，親戚や近所の人などが集まって，お正月のような雰囲気です。つい食べ過ぎてしまうし，人々がいつもより善行を積もうとするので，犯罪も少ないようです。私がラマダーンのマレーシアに行った時，商店では特別セールをしていましたし，ラマダーン明けの祝日に，村で家に招かれ，お祝いに作っておいたお菓子などをふるまわれました。人々は断食を果たした喜びで満ち溢れていました。

　女子学生18名にはヒジャーブと呼ばれるヴェールの着用についても尋ねました。「ヒジャーブとは「つつましさ」であり，私たちを守るもの」というような自分を守るといった内容が5名，「清純」・「純潔」，「慎み」といった回答が各3名いました。このほか，「正しいムスリム女性のアイデンティティ」，「私の存在理由の一部」といった自分と一体のものという回答も散見されました。

他の宗教を信じている人たちについてどう思うかという問いでは，「それぞれの人には信じる教えがあり，それを信じる自由があります。」というように，イスラームの寛容的な姿勢を感じさせられました。「あなたたちにはあなたたちの宗教，私には私の宗教がある。」というクルアーンの一節を引用した回答が 1/4 弱あり，それがよく身に付いていることを感じさせられます。他の宗教への態度を含めて，イスラームの寛容さが全く理解されていないことは問題です。地理でも取り上げるべきです。

　イスラーム過激派については，イスラームではないなどと全員が否定していますし，イスラームは女性を差別しているという見解についても，全員が女性にも権利が認められている，尊敬・尊重している，差別はないといった回答をしています。イスラームについての偏見や無知を嘆く回答も見られました。

　日本のテレビ番組でもムスリムにインタビューがなされるなど，ムスリムの語りに触れる機会が増えています。都市部ではムスリムが多く住んでいますので，各地のモスクや国際交流協会を通してお話しをうかがいましょう。喜んで応じてくれます。誤解を解く機会となります。

3. 異文化を学ぶ，異文化から学ぶ

　学習指導要領の昭和 30 年度改訂版では，地理的分野の「具体目標」を大きく 7 つ挙げています。その最初は以下の通りです。

　　1. 人々の生産活動その他の生活様式には，地域によってそれぞれ特色のあることを理解させるとともに，他地域の人々を，<u>偏見や先入観にとらわれないで正しく理解していく態度</u>を育てる。

　　　（5）各地域の人びとの生産活動や，衣服・食物・住居・交通手段・言語・宗教・芸術・風習などの生活様式には，<u>いろいろの違いがあるが，そこにはそれだけの理由があるとともに，その底には常に幸福を追求してやまない共通な人間性がひそんでいること</u>に気づかせる。

(6) 人種や民族に対する偏見や差別観は，取り除かなければならな
　　いことを理解させるとともに，<u>他国民のすぐれた特色を重んじ</u>，
　　その理想・信仰・道徳その他の生活様式に対して，<u>尊敬・寛容・</u>
　　<u>善意をもってみる</u>態度を育てる。

（下線部荒井）

　1. には具体目標が7つ挙げられていますが，ここでは2つ取り上げま
した。当時，ユネスコ・スクールが設けられるなどして，国際理解教育
が模索されていました。上の文言は今日でも大切にしたい具体目標です。
　地理学習では地域的特色が強調されるきらいがあります。それが人間と
しての異質性ととらえられてしまうと，誤解が生じかねません。例えばム
スリマの服装を強調すると，女性が差別されているように思いがちです。
現地の女性たちは決してそう思っていませんし（コラム9参照），女性が
国会議員や管理職に占める割合は，日本の方がはるかに低いです。
　異質性を強調するのではなく，同じ人間としての共通性に気づかせま
しょう。小学校の教科書ではサウジアラビアの小学生を取り上げて，日本
のアニメ，サッカーや空手に人気があるといったことが紹介されています。
イギリスの小学校宗教科テキストブックには，国内に住む様々な宗教を信
仰する小学生を事例に取り上げて，それぞれの子どもたちの日常生活を具
体的に描いているものがあります[3]。同世代の子どもたちの生活を通して，
それぞれの生活に親近感を覚え，他の宗教を信仰している子どもたちの価
値観を理解しやすいです。
　異文化を学ぶことで，自己を相対化し，自己理解を深めることができま
す。見習うべきこともあるでしょう。例えばイスラームには寛容の精神と
相互扶助の精神を見出せます。3.11 の時，多くのムスリムが真っ先に被災
地に駆けつけました。異文化を学ぶに止めず，異文化から学ぶようにした
いものです。

注
1) 松本高明（2006）：日本の高校生が抱くイスラーム像とその是正に向けた取り組み―東京・神奈川の高校でのアンケート調査を糸口にして―．日本中東学会年報 21-2, pp.193-214.
2) 荒井正剛（2016）：地理学習におけるイスラーム世界の学習のあり方―ムスリムの生活理解を中心に―．新地理 64-2, pp.43-54.
3) 藤原聖子（2011）：『世界の教科書でよむ〈宗教〉』ちくまプリマ―新書.

コラム 9　参考資料⑤　ムスリムの語り

出典が示されていないものは以下の文献からの引用です。
・荒井正剛・小林春夫（2018）：エジプト人学生ムスリム・ムスリマのイスラームについての意識調査．新地理 66-3.pp.12-22.

① 礼拝について

・礼拝は心の栄養。一回のお祈りは約 10 分。自分の悪いことを許してもらえるように祈ったり，神様に任せて素晴らしい人生になるように祈ったりしている。
東京学芸大学イラン人留学生

・お願いごとがたくさんあると，長く祈る必要がある。祈っている間，神様は自分にとって彼氏のような（愛情が深まる）相手になる。神様に長い時間相談したり悲しいことについて話したりする。　東京学芸大学インドネシア人留学生

・一回の祈りに要する時間が 5 分前後であるし，（中略）気分転換になる。
片倉もとこ（1979）：『アラビア・ノート―アラブの原像を求めて―』NHK ブックス

② 断食（ラマダーン）について

・食べるもののない貧しい人の気持ちがわかってくる。
　金持ちも貧しい人も，王様も乞食も，だれもかれもがみな腹ぺこでいる。
　この楽しかったラマダーンがもうおわってしまうのか。もっともっと長く続いてほしい。　　　　　　片倉もとこ（1991）：『イスラームの日常世界』岩波新書，p.112.

・ラマダーンの時期は，ヒジャーブなどのファッションアイテムを買うときにポイントが 2~3 倍になるから嬉しい。　　　東京学芸大学インドネシア人留学生

- 神様に近づいた気持ちになれて嬉しい。つらいのではないかと言われること
  も多いが，心から楽しみだと思える。 　　　　東京学芸大学イラン人留学生
- 断食は貧しい人や困っている人の気持ちを理解することであり，神に近づく
  ことであり，体の癒しであり，良いことがたくさんあります。
- 断食は私にとって単に食べ物と飲み物を断つことではなく，嘘をつくこと，
  ごまかすこと，悪口をいうことなど，すべての良くないことを自分自身から
  遠ざけることです。
- 断食は食べ物，飲み物，その他，神の命令に反する全てのことを断つことです。
  断食は，どれだけ苦しみに耐えられるかを知り，人間に忍耐を与えるものです。
  私は断食が好きです。

③ ヒジャーブ（ベール）を着用する意味

- 町中でのセクシャル・ハラスメントから守ってくれる。（中略）ヒジャーブを
  身に着けていると，みな親切にしてくれるわ。
  ヒジャーブの巻き方にはたくさんのトレンドがあるの。ファッショントレン
  ドにもなった有名な巻き方もあるわ。 　　　　　　　　　　バングラデシュ人
  　　笹川平和財団編（2018）:『アジアに生きるイスラーム』イースト・プレス．p.225.
- ベールを付けていると，（中略）こちらの顔は見えていないという安心感があっ
  て気が楽なんです。 　　　　田中四郎（1992）:『やわらかなアラブ学』新潮選書，p.41.
- 女性だけではなく，男性も見せてはいけない部分がある。例えば半ズボンな
  どはよくない。 　　　　　　　　東京学芸大学ウズベキスタン人留学生
- ヒジャーブは防御の砦です。最も重要な理由は，アッラーに近づくことです。
  ヒジャーブは美しさの秘訣です。
- 私にとってヒジャーブはたんに着用するだけでなく，アッラーの怒りをかう
  すべてのことから自分自身（自分のこころ）を隔離することです。
- 私にとってヒジャーブはすべてです。私の一部です。ヒジャーブなしで道を
  歩くことなど考えられません。

④ 食事（飲酒・豚肉禁止）について

- 食べる動物を切るときの方法が決まっている。決まった切り方をしているの
  がハラールということ。それは動物がなるべく楽に死ねるようにするため。
  　　　　　　　　　　　　　　　　東京学芸大学インドネシア人留学生
- 原則的にはルールに従っているが，なかにはお酒や豚肉を食べる人もいる。
  特にイスラーム以外の国に行ったときに，そちらの文化に合わせている場合
  がある。どれくらい守るかは人による。

  　　　　　　　　　　　　　　　　東京学芸大学ウズベキスタン人留学生

・「弱い人間」に酒を飲ますと，なにをしでかすかわからない。酒を飲ませておいてあとで酔っ払い運転を取り締まるよりは，さきに禁酒ということにしておけば，社会の秩序は保たれる。

前掲：片倉（1991）

⑤ イスラームの教えで一番大切なこと

・寛容さ，忍耐，たとえムスリムでなくても他人を助けること，ごまかさないこと，嘘をつかないこと，真実，不正や虚偽と戦うこと。

・イスラームとは生き方です。その教えには誠実さ（正直），信頼，年長者を敬うことなどがあります。

・イスラームで最も大切な教えは美徳です。したがって宗教とは助け合いであり道徳です。

・平和。他人を助けること。肌の色，国籍，宗教とは無関係に協力すること。

⑥ ほかの宗教を信仰する人に対する考え

・イスラームは人間どうしの寛容を重んじる宗教です。異なる宗教を信じる人びとにも，宗教選択の自由があります。私の考えでは，イスラームは寛容と宗教選択の自由を教えているのです。

・それぞれの人には信じる教えがあり，それを信じる自由があります。クルアーンも「あなたたちにはあなたたちの宗教，私には私の宗教がある」と言っています。　　　（解説：クルアーンのこの一節は，多くの回答者が引用しています。）

・もし私の前にいる人がユダヤ教徒あるいは不信仰者であっても，その人が敬意をもって，また同じ人間として私に協力してくれるなら，（信仰の違いや有無は）問題ではない。

⑦ ISIS などの過激派について

・彼らはイスラームを代表していません。なぜなら，イスラームは慈悲と再建を奨励しているのであって，殺害や破壊を勧めてはいないからです。例えばイスラームは，他の人びとが我われを侵害しない限り，彼らの思想の自由と平和を守るよう教えています。

・過激派はテロによって他国の領土を侵略しています。イスラームとは無関係です。もっとも重大なことは，彼らがイスラームを傷つけていることです。彼らは自らの目を覆っている（真実を見ることができない）のです。

・過激主義はイスラームに限らずどの宗教の中にもあります。私たちが宗教の言葉を良きことのために用いるなら，それは良きことをもたらすでしょう，その逆も同様です。

⑧ 女性差別という批判について　（Fは女性，Mは男性）

F：それは正しくありません。イスラームは女性に完全な自由を与えています。

F：男女は信仰において，また教育や仕事での権利において平等です。その証
　　拠として，預言者ムハンマドの妻のハディージャは戦争に参加しました。

M：イスラームには男女の差別はない。イスラームが現われたとき，それまで
　　にはなかった多くの権利が女性に与えられた。イスラーム以前には女性（女
　　児）が生き埋めにされていたが，イスラームが出現してそれが禁止され女
　　性には多くの権利が与えられた。

M：いくつかのアラブの国では習慣や伝統のせいでそのように見えるかもしれ
　　ない。しかしイスラームでは，男と女との間に差別はない。

⑨ 非ムスリムから誤解されていると思うか。

・そう思う。人々はイスラームをテロの宗教だと思っていますが，そうではなく，
　イスラームは寛容と平和の宗教です。

・はい。イスラームにたいする無理解があると思います。その原因は，残念ですが，
　一部のムスリムの行動や一部のムスリムが自らの宗教を無視していることに
　あります。ただしそれは一部のムスリムであって全部ではありませんが。

・誤解があると思います。彼らは，イスラームとはそれを信じる人を束縛する
　戒律のことだと思っています。しかし本当は，イスラームは素晴らしく楽し
　くシンプルな宗教です。アッラーは私たちに厳格さや苦しみを望んではいな
　いです。

⑩ 自分にとってのイスラームの意味

・イスラームとはより良く生きるための指針。

・イスラームとは，悪しき事がない生活（人生），良き生き方をすることで，人
　格者でありつづけることのように思われます。

・イスラームとは悪事と欲望をおさえ，美徳を守ることです。そしてそれはイ
　スラームの教えに従うことによって可能となります。イスラームは私が信じ誇り
　に思う宗教です。なぜならば，イスラームは悪から遠ざけてくれるからです。

・私にとってイスラームは人生に関する教えのすべてです。けれども他の宗教
　が（イスラームと）同じ道を辿っていないとは思いません。すべての宗教は
　正義や，個人および社会にとっての命の尊さを信じているからです。

コラム10　私の実践例⑤

クリスマスから ヨーロッパの深層にせまる

　ヨーロッパ諸国の祝祭日のほとんどはキリスト教の祭日で，復活祭とクリスマスは，複数日を祭日としている国も多いです。本実践では，宗教に込められたヨーロッパの人々の願いに地理的に迫ります。授業は対話形式で進めました。

① クリスマスはなぜ12月25日？

　サンタクロースの故郷があるフィンランドのクリスマスカード（図1）は生徒の目を惹きます。そりを引いているのは豚！ 豚のそりの絵はフィンランドでは何回かカードに採用されているそうです。なぜ豚なのでしょう？

　12月25日はイエスの誕生日とされていますが，生年も不詳で，誕生日もわかっていません。イエス生誕の日として祝い始めたのは4世紀，キリスト教を初めて公認し自らキリスト教を信仰したローマ帝国皇帝コンスタンティヌス1世です。クリスマスはどんな時期

図1　フィンランドの クリスマスカード（1941年）
出典：葛野浩昭（1998）：『サンタクロースの大旅行』岩波新書, 口絵より.

ですか？　昼が最も短いころです。クリスマスはフランス語でNoël（新しい太陽），スウェーデン語でJul（冬至）と呼んでいます。その日をイエスの誕生日としたのは？　地中海地方で盛大に行われていた太陽の復活を祝う冬至祭とイエスの生誕を重ねたのです。日差しの弱いアルプス以北では，闇を追い払う光としてキリスト教が広まりました。

　たった1年間のイギリス生活経験からしても，冬はそれほど寒くはないですが，晴天が少ないことと昼間の短さにうんざりしました。12月ごろのロンドンは，日の出は8時前，日の入りは16時前，昼間は8時間に過ぎず，暗い中の登下校です。夏目漱石がノイローゼになった話も交えます。もっと高緯度の北欧では…。夏は北欧では白夜となり，盛大に祝われる夏至祭の写真や公園で裸になって日光浴を楽しむ写真を見せて，人々が太陽光を求めていることをとらえます。

　豚について戻ります。クリスマスに北欧やドイツでは，ハムなどの豚肉料理が多く出ます。ソーセージの名称を聞けば，フランクフルト，ウィンナー，バイエルンが挙がります。それらは何？　ドイツやオーストリアの地名です。ソー

セージは豚肉の腸詰，保存食品です。なぜ保存食品を作るのでしょう？　日本と同様，食料が乏しい長い冬に備えて，血の一滴も無駄にせず作ります。秋に豚は森の木の実などを食べて太っています。サンタクロースの原形となった聖ニコラスの日の 12 月 6 日が豚を食べる季節の始まりとされています。日差しの弱いヨーロッパ北部は農業に不利で，人間が食べられない植物を飼料として豚などの家畜も飼育する混合農業が生み出されました。同じ温帯でも，ヨーロッパの自然環境は厳しいことに生徒は驚きます。

② 光を求めて南へ

　ヨーロッパには世界各地から観光客が大勢来ます。ところが，アルプス以北では，書入れ時の夏に閉じる店が今でも見られます。なぜでしょう？　バカンスに出かけるためです。どこへ行くのでしょう？　地図帳の地図で北部から地中海地方へ行く流れをとらえます。理由は予想できます。次の文章で確認します。

　　　【ゲーテ『イタリア紀行』より】
　　　　「白状すると，ぼくの旅行はもともと北緯 51 度で受けたあらゆる気候の
　　　　厳しさからの逃走だった。」
　　　　「山脈の北側に位置する国々は甚大な損害を受けている。北部全体のこ
　　　　の夏の冷たい天候も，いまここでぼくが手紙を書いている大アルプス山
　　　　脈によって決定されたものと思われる。」
　　　【ゴッホが友人に宛てた手紙】
　　　　「南フランスに来てから僕の体調は断然よい。」
　　　　「20 代の時に来るべきだった。」

　北緯 51 度を地図帳で確認します。NHK「名曲アルバム」からナポリ民謡「オーソレミオ」（「私の太陽」の意）を見せます。地中海地方の人気の理由として，物価の安さ，ヨーロッパ文明の源となった史跡が多いことも触れておきます。

＜ヨーロッパ州の単元構成例＞　（5 時間）

　既述のことを織り込んで，EU をテーマにした単元構成案を考えてみましょう。

（1）EU とは？

　生徒も多少は聞いたことがあるので，EU がどんなことを行っているかから始めるのが自然でしょう。人やモノの移動を基本的に自由にしていること，共通通貨ユーロが使われていること（イギリスなどの例外有），航空機の共同生産と

109

いったことをとらえ，統合を進める理由と問題はないのかを単元の学習課題とします。

まず EU が石炭や鉄鉱石の共同利用，平和の希求，国際競争力の回復，市場拡大を目指して発足し，加盟国が増えてきたことをとらえます。

(2) EU 結成の背景：地図から読むヨーロッパ

地図を見てわかることを出しましょう。アフリカ州も出ていると比較できます。高緯度である，国が多くその面積は小さい，鉄道が発達している，内陸国も多く内陸にも都市が多いなど。次に地図帳の統計から，キリスト教が全ての国で信仰されていること，言語名と国名が一致する国が多い，所得が高いといったことをとらえます。そこで既述のクリスマスの話題を取り上げます。そして，言語の類似性と国際列車や国際河川を通して，ヨーロッパの共通性と結びつきの深さをとらえ，その背景としてヨーロッパの小ささをとらえます。

③ 高緯度の国々の農業と観光

ヨーロッパの食事に肉類や乳製品が多いこと，保存食品が多いことに注目し，高緯度で農耕には不利であるため，冬に備えることと，畜産が重要な地位を占めていることをとらえます。食料自給率を高めるために EU が共通農業政策を採っていること，そのための経費がかさんでいるといった問題をとらえます。

日照不足に関連して，観光では北から南への移動が多いことについて，既述の資料などを使って考察します。

④ 環境保全の努力

クリスマスマーケットの景観写真から，自治と民族の誇りを有する旧市街地の歴史的景観とその保全についてとらえます。また，環境問題について，それが国境を越えた問題であることとそれに対する国際協力，行き過ぎた開発への反省から EU が持続可能な開発に取り組んでいることをとらえます。

⑤ 地域格差

EU 加盟国の増加に伴う地域格差問題をとらえ，労働集約型の工場の東方への移転と労働力の西への移動について考察します。そして，イギリスの EU 離脱問題の背景として，拠出金の負担増とそれが東ヨーロッパ諸国に投入されていること，ポーランドなどからの移民の急増と彼らへの公的支援の増大をとらえます。

離脱の動きが広がる一方で加盟申請国もあることに留意しましょう。

第7章　地理的センスの育成
── 地理的探究と技能 ──

地理学者の問い（地理学の本質）	場所を探究する key questions
Where is it ?　① What is it like ?　② Why is it there ?　③ How did it happen ?　④ What impact does it have ?　⑦ How should it be managed for the mutual benefit of humanity and the natural environment ?　⑧ 地理教育国際憲章	What is it ? Where is it ? What is it like ? How did it get like this ? How is it changing ?　⑤ Why is it changing ?　⑥ What might happen in the future ? M. Hillary et al. (2000): *Think Through Geography 1*, Pearson Education

＊①〜⑧は香港の中学校地理カリキュラムガイドが地理的に考える問いの構成

【本章のねらい】

　上の key questions はイギリスのテキストブックの導入単元 "What is Geography ?" で示されている問いです。それも地理学者の問いも，まず地域性を探るための問いを4つ立てています。その後，地理学者は地域性が及ぼす影響，人間と自然環境の双方に利点となる策を考察します。地理教育では変化についてとらえ，将来起こりそうなことを問うています。地理的探究の問いとして，変化の影響（What have been the effects of the change ?）や自分の考えや思い（What do you think and feel about the place ?）を挙げているテキストブックもあります。いずれも最後に価値に関する問いを出しています。5W1H の事実認識に止まらず，もう一つの Wh-question である Which を問い，価値認識にせまり，行動できるような市民の育成や社会参画に資するためです。

　地理的探究では地理的な問いを，地図，景観写真，統計，フィールドワークといった固有の手段を使って思考・判断・表現します。これらを駆使して，生徒の関心を高め，追究・探究させましょう。

111

1. 地理的な見方・考え方と地理的探究

　新学習指導要領は，全ての教科で，各教科を学ぶ本質的な意義を「見方・考え方」として提示しました。地理的な見方・考え方は既に昭和44年版から重視されてきました。平成29年版は，「地理教育国際憲章」（1992）が示した地理学研究の中心的概念（5つの考察の視点）を踏まえた考察・構想を求めています（図7-1）。そのキーとなるのが地理的な問いです。中教審（2016）はその例とそれによって獲得する知識の例を挙げています（表7-1）。従来の考察に加えて，「～べきなのだろう」（表7-1下線部）という構想に向かう問いが設けられていることに注目しましょう。

　地理的分野の目標は「社会的事象の地理的な見方・考え方を働かせ，課題を追究したり解決したりする活動を通して」（下線部筆者）公民的資質・能力の基礎を育成することです。下線部の学習プロセス（地理的探究）は次の通りです。

　　①課題把握（動機付け，方向付け）：地理的な問いを立てる
　　②課題追究（情報収集）：地図や景観写真，統計などの地理情報を収集する
　　　　　　　（考察）：多面的・多角的に考察する
　　　　　　　（構想）：考察を踏まえて，価値判断・意思決定する
　　③課題解決（まとめ）：地図などを使って結論を示す。

地理的な見方・考え方：考察，構想する際の「視点や方法(考え方)」

社会的事象を，位置や空間的な広がりに着目して捉え，地域の環境条件や地域間の結び付きなどの地域という枠組みの中で，人間の営みと関連付けること
（位置や分布，場所，人間と自然環境との相互依存関係，空間的相互依存関係，地域）

地理に関わる事象の意味や意義，特色や相互の関連を多面的・多角的に考察する力 　　　　　　　　　　　　　　　　　　　　　　　　　　　　　　　　　　（思考力）
地理的な課題を把握して，解決に向けて学習したことを基に複数の立場や意見を踏まえて選択・判断できる力 　　　　　　　　　　　　　　　　　　　　　　　　　（判断力）
思考・判断したことを説明したり，それらを基に議論したりする力 　　（表現力）

図7-1　地理的見方・考え方の内容と養われる力
中学校学習指導要領（平成29年告示）解説社会編より荒井作成。

表 7-1 「地理的な見方・考え方」を働かせたイメージの例

＜考察に向かう問い＞

視点	問いの例	獲得する知識の例	具体例
位置や分布	・それは，どこに位置するのだろう	・地球上の地点は，絶対的，相対的に表現できること	・明石市は大阪市の西にあり，そこの市立天文科学館は日本標準時子午線上の北緯 34 度 38 分，東経 135 度 0 分にある
	・それは，どのように分布しているだろう	・特定の事象は，地球の表面において特定の範囲に広がること	・アマゾン川流域の一年中雨が多く降る地域には，常緑の密林地帯が広がっている
場所	・そこは，どのような場所なのだろう	・地球上の各地は，固有の性格があること	・広島市の沿岸部は，低平な三角州となっている
人間と自然の相互依存関係	・そこでの生活は，まわりの自然環境からどのような影響を受けているだろう	・人々の生活は自然の影響を受けるとともに，それを変化させること	・平野の乏しい日本では，その傾斜地を段々畑や棚田にするなどして利用してきた
	・そこでの生活は，まわりの自然環境にどのような影響を与えているだろう		
空間的相互依存作用	・それは，それ以外の場所とどのような関係を持っているだろう	・場所は相互に関係を持ち，影響を及ぼし合うこと	・多くの人口を抱えた大消費地東京の周辺では，新鮮な農産物を生産し，都市の住民に届ける近郊農業がさかんである
地域	・その地域は，どのような特徴があるだろう	・空間的な広がりは，まとまりのある固有の特徴を持つこと	・中国地方の山間部では，人口減少や高齢化の進む過疎化に悩む地域が広がっている

＜構想に向かう問い＞

・それは，（どこにある，どのように広がる，どのような場所とする，どのような自然の恩恵を求める，どのように自然に働きかける，他の場所とどのような関係を持つ，どのような地域となる）べきなのだろう	・地域には，地域的特色を踏まえた，よりよい姿が求められること	・地震や豪雨，台風など自然災害を受けることの多い日本では，被害を最小限に食い止めるため，各地の自然環境に応じた，災害に強いまちづくりを進めることが大切である

中教審（2016）：「社会・地理歴史・公民ワーキンググループにおける審議の取りまとめ」より荒井作成。下線部荒井。

2. 地図と地球儀

（1）地理的な教室環境〜掛地図と地図帳〜

　理科室に行くと実験の雰囲気を感じられます。音楽室に行けばピアノや作曲家の顔写真が音楽の雰囲気を感じさせます。社会科はどうでしょう？　普通教室はこうした環境にありません。なければ創りましょう。地理の授業で

113

は掛地図があるだけで，雰囲気がずいぶん変わります。いや，掛地図を使うべきです。マグネットのフックで黒板に固定できるものもあり，社会科係に準備してもらってもよいでしょう。休み時間中でも地図を見る生徒がいます。

　何よりも地図帳を使うこと。地図帳には基礎的な統計も掲載され，地理情報満載です。地図帳を主体にして授業を展開し，生徒に地図帳の地図や統計で自主的に調べる習慣を身に付けさせたいものです。

（2）一般図〜地域のあらましの学習を中心に〜

　Where is it？ 地図を使って位置を確認したら，そこはどんなところか読み取りましょう。What is it like？ 地図から，位置や地形の特色，都市の分布，他の地域との結びつき，都道府県・国の広がり，史跡や鉱山・特産物など，地域の大まかな様子を読み取ることができます。気候は直接的には読めませんが，緯度や海抜高度，海からの距離などから予想することはできます。

　まず個人で地図を読み取ります。次にグループで，そして学級全体で出し合うとよいです。友達の発見に関心を持ったり自分の発見が評価されたりすると，学習意欲が高まります。また，発見したことの関係を考えてつなげれば，新しい発見ができます。楽しく地図を読み進めましょう。一般図には様々な情報が盛り込まれているので，最初は読み取りにくいですが，読み取る観点がわかってくると，様々な発見ができるようになります。

　第3章で述べたように，地域の概要をつかむためには，一般図と統計を活用するとよいです。地域のあらましの学習というと，教科書でも自然のようすで終始することが散見されます。しかし，人文地理的な面もとらえなければ，あらましにはなりません。特に人口・都市の分布に注目するとよいでしょう。人口分布には自然環境と産業などの人文環境が反映されているからです。都市の分布パターンを読み解きましょう。Why is it there？How did it happen？ 地図から読み取ったこと（自然環境，交通，産業など）をつなげると，分布の背景にもせまれます（コラム11参照）。基本的な統計からの読み取りを加えて，単元を貫く問いを導くこともできます。

　古い地図と比べると変化を読み取れます。凡例や表現方法が異なること

| コラム11　私の実践例⑥ | 一般図から |

地域のあらましを読む

（1）アジア州

　人口密度が高い地域がガンジス川と長江に沿ってず〜っと内陸に伸びているのは特徴的です。島嶼部ではジャワ島の密度の高さが目に付きます。対照的に西アジアや中央アジアでは少ないです。よく読んだ生徒は，内陸部でも山裾に大きな都市があることを発見します。湧き水かなという予想もすばらしい！そう，人口分布の鍵は水にあります。最後に米の生産の分布図を提示します。人口分布図とほぼ一致することに生徒は驚きの声を上げます。米は単位面積当たりの収量やカロリーにおいて小麦に優っています。稲作がアジアの経済成長を実現している豊富な労働力の源と言えます。稲作を支える降水量の分布から地形や季節風を，そして人口に関連して宗教の多様性をとらえます。

（2）東北地方

　ほかの地方と違って，東北6県の県庁所在地のうち3都市が内陸の盆地にあるなど，都市が内陸部にも多いことがわかります。どうしてでしょうか？　臨海部を見ると，平地の狭いリアス海岸の三陸海岸以外は海岸線が単調で，港に適した大きな湾は少ないです。平地が狭く，海岸線が単調な福島県浜通りには原子力発電所が見られます。一方，内陸部には大きな盆地が，南北に三列に伸びる山地の間に見られます。盆地では，高緯度に位置しながらも夏の昼間の気温が高いことと，大河川が流れ，雪解け水も豊富であることから，穀倉地帯になり，城下町が早くから発展しました。また，夏の昼と夜の気温差を生かして果樹栽培もさかんです。

　東北新幹線は県庁所在地を結んで南北に走っています。ただし，山形市や秋田市に行く新幹線はミニ新幹線で，険しい奥羽山脈を越えなければなりません。人口が50万を超す都市は仙台市だけです。地図帳では東北地方が折込にならざるを得ないほど南北に長いことに留意して（南北端の距離は約500km：東京から鳥取まで），気候の南北差と東西差，冷害に注目します。

115

があるので，気を付けてください。特に交通や都市の変化は読み取りやすいです。How is it changing？ Why is it changing？ 例えばアメリカ合衆国の人口百万人以上の都市に注目すると，太平洋岸で増えている一方，五大湖岸の自動車の町デトロイトの人口は百万人を割っています。また，国名・国境の変化は生徒の関心を高めます。例えば冷戦期のヨーロッパ州の地図や1970年代のアフリカ州の地図など。後者では，ジンバブエがローデシアと呼ばれていました（帝国主義で有名なセシル＝ローズにちなむ）。私は敢えて古い掛地図を使っていました。生徒が興味深く見るからです。古い地図も「お宝」です。

1枚の地図を読み取るよりも，2枚の地図を対比する方が，違いがわかり，地図を読み解く視点が明確になりやすいという良さもあります。変わっていないことにも注目すべきです。時代や地域を超えた本質に迫れます。

このように一般図から様々なことを読み取れます。一般図は宝の山！生徒がほかの授業や家庭でも地図帳を見る習慣を身に付けたいものです。

縮尺には注意しましょう。地図帳では見開き2ページに収めているため，北海道やアフリカ大陸は実際よりも小さく，関東地方やヨーロッパは実際よりも大きく思われがちです。大州規模の地図では，日本の面積に近いドイツやジンバブエ，マレーシア，カスピ海，カリフォルニア州，モンタナ州などを基準にして読むとよいです。また，東京から根室や鹿児島までの約1000 km，自地域から100 kmの距離にある都市などを基準にするとよいでしょう。ヨーロッパ州でパリを中心に2000 kmを半径とする円を描くと，その狭さが実感できます。

（3）主題図

地図帳には主題図という特定の目的でつくられた地図が掲載されています。今日では地図ソフトが充実して，興味深いデジタル主題図が増えてきました。その中でも逸品は，現代世界の諸課題に関する多様なテーマを世界地図に表現したWorldmapper（www.worldmapper.org）です。各国の形を損なわないように表現していて，見やすいです。日本を見ると，半島までよく表現しています。大きい数値の国々と小さい数値の国々が対照的で，

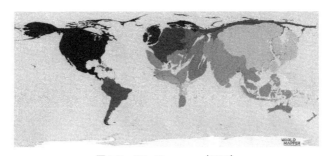

図 7-2　Worldmapper（GDP）
www.worldmapper.org より（2019 年 6 月 5 日最終閲覧）。カバーのカラー図も参照。

惹き込まれます（図 7-2）。これはイギリスのシェフィールド大学とアメリカのミシガン大学との共同制作で，イギリス地理学協会などがサポートしています。交通・通信，経済，教育，環境，居住，健康，文化・言語・宗教，人口，資源，社会と内容が幅広く，年次更新もされています。

　複数の主題図の比較・対照も有効です。例えば気温や降水量，人口，農業や工業などの分布図，土地利用図は，どの地方にも出ていますから，他の地域と比べれば，地域による違いや共通点をとらえることができます。例えば南アメリカ州の年降水量の分布図を見ると，1000 mm 以上の多雨地域が広いことに気づきます。それをアフリカ州と比べると，アフリカ州でもそれが低緯度地域で広がっているという共通点とともに，南アメリカ州では年降水量 2000 mm 以上の地域が広いことに気づきます。

　一般図や他の主題図と比較すると，分布の特徴の背景を読み解くことができます。先ほどの例では，赤道付近を見ると，南アメリカ州では低地が広がっているのに対して，アフリカ州では高地が広がっているという海抜高度の違いが気候の違いに影響していることに気づきます。

　同じテーマの地図について，異なる年代の地図を比較すれば，地域変化を読み取れます。地図帳では甲府盆地の土地利用の変化や諏訪盆地の工業の変化が定番です。古い主題図が載っていない場合は，古い地図帳のそれと対比すればよいです。例えばヨーロッパ州の自動車工場の分布について，新旧の地図帳掲載の主題図を比較すると，西ヨーロッパで減って，チェコなどヨーロッパ東部で増えていることが読み取れます。古い地図帳を活用

117

しましょう！

（4）地形図

　地形図は，生徒にとって厄介に映ります。定期試験や高校入試でよく出題されますが，その多くは，距離の測定，方位，等高線で読む起伏の違い，地図記号から読み取る施設や土地利用に関する問題です。最初からそんな細かいことを学習させられれば，おもしろいとは感じられません。

　地形図はまず大観することです。全体的に見て，地形的にはどういうところか，交通はどうか，市街地はどのように広がっているか，多く見られるものは何か，逆に少ないものは何か，そこから地域のようすや特色をとらえます。Where is it ? What is it like ? が出発点です。

　地形図の読図を促すため，空中写真を併用するとイメージが得やすく，また，地図では読み取れないこともわかります。また，距離感覚を得るために，身近な地域で1 kmに当たる距離をとらえておくとよいです。

　地形図を読めば，地域の様子を実感できます。例えば沖縄の基地問題について，嘉手納基地を含む地形図で滑走路の長さなどを測ると，その規模が実感できます。嘉手納町と基地の面積，市街地と米軍住宅地区の建物密度を比較すると，町民の使える面積が狭い反面，米軍施設はたいへんゆったりしていることが実感でき，嘉手納町の住民の気持ちに近づけます。

　次に Why is it there ? How did it happen ? この段階から，例えば市街地や農地の広がりや分布について，地形との関連を，等高線を丁寧に読んだり斜面の向き（北向き，南向きなど）を調べたり，ミクロに検討します。

　また，古い地形図と比較して，まず地域の変化を大きくとらえましょう。How is it changing ? Why is it changing ? 例えば市街地や農地がどのように広がって（減って）きたか，年代の異なる複数の地形図を使って読み取ります。変わっていないことにも注意します。古い空中写真も活用できます。ある地点の変化や変化した要素など注目すべき点がはっきりしたら，等高線をよく読むなど細かく読み取ります。

　最後に What impact does it have ? How should it be managed for the mutual benefit of humanity and the natural environment ?，地域の特色が地域に及ぼす影響や，持続可能な利用のあり方について考えます。

①

↑明治42年測図　5万分1
地形図「水海道」の一部

③
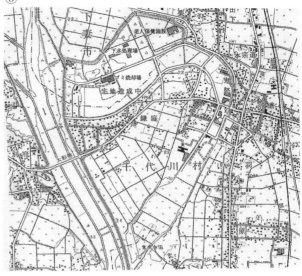
↑平成12年修正測図　2.5万分1地形図「石下」の一部

②
←昭和27年修正　5万分1地形図「水海道」の一部

図7-3　古い地図から読む防災（旧下妻市鬼怒地区）
③で旧河道（かつて蛇行して流れていた河道）を見つけられますか？　後に川が直流して（①→②），旧河道にまず水田や公共施設，そして住宅が建ちました。地盤が軟弱なため，東日本大震災で液状化現象が起き，住宅に被害が生じました。

　古い地形図からは，河川の作用や開発による地形改変前の地形を読み取れるので，防災に役立ちます（図7-3）。また，災害教訓地名（印象をよくするために漢字を変えていることもある）を見出すこともあります。

（5）描図
① スケッチマップ
　一般図や地形図には様々な情報が盛られ過ぎて，わかりにくい面があります。そこで，関心のある内容に絞って大まかな地図（スケッチ・マップ）を，フリーハンドまたはトレーシングペーパーを使って描きます。ポイントは目的に応じてシンプルに描くこと，つまり適切に省略することです。描い

た地図に短い注釈・キーワードを載せるとよいです。

　②略地図

　略地図を描くことによって，頭に地図がイメージされ，空間的広がりで社会的事象を考えられるようになります。略地図を描いて，実際の地図と比較すると，どの地域の認識が欠けているかわかります。

　日本の略地図を描かせると，半島が誇張されがちで，なかなかうまく省略できません。それはよく知っているからです。小縮尺の白地図で海岸線を太いマジックペンでなぞると，省略する勇気を持てます。早く描くことを優先して，描く機会を繰り返し設けるのが定着の秘訣です。

（6）地球儀

　今日，地球儀は各家庭に普及しています。自分の中学生時代を考えると羨ましい限りですが，使われているかどうか…。地球儀での作業では風船地球儀が便利です。見る角度を自由に変えられますし，距離の測定も楽です。安価で持ち運びも便利です。

　残念ながら，地球儀は，地球儀と世界地図の学習で使われたきり，その後の学習では使われないことが多いようです。例えばオーストラリアと世界の国々の結びつきの学習では，地球儀でオーストラリアを中心にして半球を見ると，イギリスは見えません。日本や中国，インドが端の方に入っている程度です。貿易の中心がイギリスからアジア諸国へと移ったことも納得しやすいです。また,オセアニア島嶼国家の隔絶性もよくわかります。日本列島の切り抜きを作っておくと，地球儀ではどこでも面積を比較できます。アメリカ合衆国やロシアの東西の広がりに注目すれば，両国に標準時が複数あることも納得できますし，中国の標準時が北京時間1つしかないことが不思議に思えます。

　世界地図は面積や形を正しく表現していないのです！　そう指導しておきながら，それらが正しく表現されている地球儀を使わないのは矛盾しています。特に位置関係や航空路，面積の比較などでは地球儀を使いましょう。

120

3. 統計の活用

(1) 形容詞・副詞ではなく実感を得る

統計数値は，実感を得るうえで効果的です。教科書には「とても多い」とか「暑い」といった形容詞や副詞がよく使われます。それは何かを基準にして述べているようですが，その基準を誤ると誤解が生じかねません。例えば年降水量 1000 mm という数値は，日本では「少ない」ですが，ヨーロッパ州やオセアニア州では「多い」と言えます。

地域間の比較の基準として，例えば日本の国土面積や人口，自地域の数値と比較するとわかりやすいです。授業で繰り返し使うと，自然と覚えられます。例えば東京の年降水量は 1528.8 mm で，中学校 1 年生男子の平均身長 152.8 cm（文部科学省『平成 29 年度学校保健統計調査』による）と同じです。身長が同じくらいの生徒に立ってもらうとよいでしょう。ニュースで集中豪雨の降水量を聞いた時に雨の激しさを実感できます。

私は統計集を教材として全生徒に持ってもらいましたが，グループに 1 冊わたるように備えておくとよいでしょう。

(2) 留意点

生徒にとって，単位が「千」「百万」といった数値は読みにくいです。数値の比較が目的ならば，最初のうちは単位を無視して読んでもよいでしょう。何よりもまず統計は便利だなと実感させることです。

生産統計などのランキングについて，断トツの 1 位ならばともかく，それを覚えさせる意味はないです。特に農産物の生産は変動が大きいです。順位よりもシェアや比率に注目すべきです。どんな地域が上位にあるか，上位の中で異質な地域はどこか，そうしたことに目を配るとよいでしょう。

統計の数値がどのように算出されたか気を付けましょう。例えば工業統計の数値で，京浜工業地帯とはどこを指すのでしょうか？　教科書でも，東京都と神奈川県の合計値であったり，それに埼玉県を加えた数値であったりします。また，工業地帯を比べる際，1 都 2 県を合計した京浜工業地帯の数値と，静岡県だけの東海工業地域，福岡県だけの北九州工業地域を

比較するのは不公平でしょう。そもそも北九州工業地域を福岡県全県，つまり北九州市以外の地域も含んだ数値を使うのは適切でしょうか。また，第2章で取り上げたさばく気候のカイロの5月の降水量は 0.4 mm ですが，これは毎年 0.4 mm 降るという意味ではありません。過去30年間の平年値であれば，ある年の5月のある一日に 12 mm 降って，その後30年間雨がなかったのかもしれません。

（3）地域の変化を読む

　古い統計と比較すれば，地域変化がとらえられます。新しい教科書や地図帳が発行されると，数値が変わったことに気づくことがあります。例えば東京の気温が，特に冬の気温が上がっていることに気づきました（表7-2）。大都市では，コンクリートやアスファルト，エアコンや自動車などからの人工的な熱の排出が多くなったためです。

　気温や降水量は，異常気象の影響を避けるため30年間の平年値で示します。単純に10年間の平均気温を算出すると（表7-3），1月の気温が上がっていることがよくわかります。ちなみに気象庁が出した100年あたりの気温上昇量によると，都市の規模により大きな違いがみられます（表7-4）。大都市における日最低気温は特に大きく上昇し，日最低気温が 0℃以下になる冬日は，東京では年に数日以下になりました。ヒートアイランド現象は太陽の影響が弱い冬や朝の気温に表れやすいです。都市住民は自分で自分の首を絞めていることがわかります。

　なお，東京では 2014年12月に観測点が変わりました。それ以降の

表 7-2　東京の月平均気温と年降水量の変化　　　　　（気温℃，降水量mm）

	1月	2月	3月	4月	5月	6月	7月	8月	9月	10月	11月	12月	年平均気温	年降水量
1931~1960	3.7	4.3	7.6	13.1	17.6	21.1	25.1	26.4	22.8	16.7	11.3	6.1	14.7	1563
1941~1970	4.1	4.8	7.9	13.5	18.0	21.3	25.2	26.7	23.0	16.9	11.7	6.6	15.0	1503
1951~1980	4.7	5.4	8.4	13.9	18.4	21.5	25.2	26.7	22.9	17.3	12.3	7.4	15.3	1460
1961~1990	5.2	5.6	8.5	14.1	18.6	21.7	25.2	27.1	23.2	17.6	12.6	7.9	15.6	1405
1971~2000	5.8	6.1	8.9	14.4	18.7	21.8	25.4	27.1	23.5	18.2	13.0	8.4	15.9	1467
1981~2010	6.2	6.5	9.4	14.6	18.9	22.1	25.8	27.4	23.8	18.5	13.3	8.7	16.3	1529

気象庁「過去の気象データ検索」より作成.

122

表 7-3　東京の気温と年降水量の変化

	気温（℃）			年降水量 (mm)
	年平均	1 月	8 月	
1951~1960	15.0	4.3	26.3	1594.5
1961~1970	15.4	4.6	27.2	1345.0
1971~1980	15.6	5.4	26.4	1440.9
1981~1990	15.8	5.5	27.4	1428.8
1991~2000	16.4	6.4	27.3	1529.3
2001~2010	16.6	6.3	27.5	1628.2

気象庁の「過去の気象データ検索」より作成.

表 7-4　日本の都市の気温の 100 年当たり上昇量　（℃ /100 年）

	年平均気温	1 月平均気温	8 月平均気温	日最高気温	日最低気温
東　京	3.0	3.8	2.6	1.7	3.8
大都市平均	2.5	3.2	1.8	1.0	3.8
中小都市平均	1.0	1.0	1.0	0.7	1.4

出典：気象庁（2002）:「20 世紀の日本の気候」.

数値との比較には注意が必要です。統計書の定義のページに気を付けましょう。

（4）作図 ： グラフ化と地図化

　統計数値をグラフ化すると，わかりやすくなります。例えば都市の人口の推移を示した折れ線グラフに，交通の変化や主要施設の立地・移転などのできごとを書き加えると，変化の原因が可視化できます。また，ほかの都市のそれと比較・対照すると，違いや共通点を見出せます。

　地域別統計数値は五十音順・行政順など機械的に並んでいますが，地図化すると地理的な特徴を見出せます。特に都道府県別統計の地図化は取り組みやすいし，都道府県の位置の定着にも役立ちます。例えば各種農産物の都道府県別統計をグループ内で分担して作図して，できた地図を比較考察すると様々な発見ができます（コラム 12 参照）。

　統計地図の作成では階級区分を適切に決める必要があります。階級数は5 つ程度が良く，数値をざっと見て，どこで区切るのがよさそうか考えます。各グループが作った地図を比べて，適切な地図表現を考えるとよいです。

　割合の数値は，都道府県を塗り分けます。一般に大きい数値は暖色，小

さい数値は寒色で，グラデーションで表現します。モノクロでは，パターンを工夫して，大きい数値は濃く，小さい数値は薄く見えるように図示します。一方，米の生産量や人口数などの数量は，図形の面積に比例させて表現します。べた塗りは適当ではありません。面積が大きく異なる北海道の数値と東京都の数値を単純に塗り分けるのは適切とは言えません。

　作業を進めていくと，一定の傾向を発見しやすいです。主題図を実際に作ってみることで，目的に応じた地図を作ったり地図を批判的に読んだりする力が身に付きます。世の中に氾濫している地図には，配色が悪かったり（グラデーションになっていないなど）階級区分が不適切であったりする地図が散見されます。後者の場合，区分の仕方によってイメージが異なることがあり，ともするとだまされかねません。

コラム 12　私の実践例⑦　　**統計地図の作成から人口動態を読み解く**

(1) 都道府県別社会増加率の推移の地図化から日本の人口動態を読み取る

　人口の移動をとらえるために，各都道府県の社会増加率に注目しました（『数字で見る日本の100年』改訂第6版（矢野恒太記念会，2013））。5人構成の各班に，5つの年代の数値を，指定した階級区分で都道府県別白地図に塗り分けました。描いた地図を年代順に並べて（図1），読み取ります。自分たちが作った地図は関心を高めます。生徒は以下のことを読み取りました。

① 高度経済成長期のドーナツ化現象，そして最近の都心回帰と首都圏への一極集中。
② 宮城県を除く東北各県と福岡県を除く九州各県はずっと社会減であること（ごく一部の例外有）。宮城県と福岡県は，それぞれほかの東北各県，九州各県と比べて常に社会増加率が高いこと。後者について，仙台市，福岡市という地方中枢都市があるためであること。
③ 高度経済成長期は人の移動が大きく，都道府県によって数値がかなり違うこと。現代に近づくにつれて，その違いが薄まっていること。

　③に関して，最も新しい2000~2005年を担当した生徒が，使う色の数が少なくて，地域差がはっきりしないので，階級区分を細かくしたかったと発言しました。その通りです。その時期については，色塗りの際に濃淡を変えたりパターンを変えたりして細区分すればよかったですね。すばらしい指摘！

図1 描いた地図の比較
カバーのカラー図も参照。

(2) USAの大都市の人口動態の地図化からラストベルトとサンベルトを浮き彫りにする

USAの主な都市について，1950年から10年ごとに2000年までの人口（郊外を含まない）の表を示し，増え続けている，減り続けている，それ以外の3つに分類して，色分けさせました（図2：本図では白黒で表現）。都市の位置は○で予め示しておきました。作業が進むにつれて，生徒は北東部と南西部の違いを徐々にとらえ，各都市の位置を予想して探すようになりました。南西部には「サン〜」という都市名が多いことにも気づきます。「サン」はスペイン語で聖人を表す接頭辞で，地図帳でUSAの領土の拡大の地図から，この地域がかつてスペイン領であったことをとらえます。

配色（モノクロ表現も含めて）を生徒に任せてもよいでしょう。友達の作品と比較して，どう表現したらよいか考えさせるとよいでしょう。

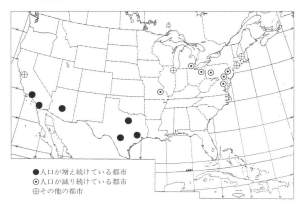

図2 USAのおもな都市の人口変化（1950〜2000年）
出典：荒井正剛（2012）：調べた結果のまとめ方．矢ケ﨑典隆・椿真智子編『世界の国々を調べる 改訂版』(東京学芸大学地理学会シリーズ4) 古今書院．p.20.

4. ＧＩＳの活用

『地図で見る～』などと「地図」を冠した本が増えています。コンピュータが膨大な情報を処理できるようになり，地図ソフトの発達で地図の魅力は一層高まっています。わかりやすいだけに，各種の地図を読む際に，その地図がどういう資料を使っているか，その地図では表現できていないことは何かなど，批判的に読む力を付けたいです。そのためには，他のメディアと同様，読むだけでなく，作る経験が有効でしょう。

（1）読図：レイヤー機能

一般図には様々な情報が盛り込まれ過ぎて，どう読んだらよいか戸惑う生徒は少なくないです。地図は，標高，土地利用，交通，施設など各種のデータを重ねて作っていきます。それをそれぞれ別に示して，例えば標高と土地利用のデータを対照して読めば，両者の関係などを類推しやすいです（あくまでも「類推」であることに気を付けましょう）。

コンピュータがなかったときは，一般図や地形図に載っている要素を別々のトレーシングペーパーに写し，それらを重ね合わせて，要素間の関連を考察させました。GIS を使えばいろいろなデータを簡単に対照でき，便利です。なお，Google Earth のようなバーチャル地球儀ソフトを使って，グローバルスケールの分布図を地球儀上に示すと，球面上での分布をとらえられます。

日常生活では，GIS を使って一般図を読む環境にありません。GIS がなくても読み解けるようにしていきましょう。

（2）作図：統計地図の作成

GIS を使えば，データさえ入力すれば（多くはコピペですみます），統計地図は瞬時に作成できます。特に大量の数値を地図化する場合や，各地域の位置がわかっていない場合（例えば各区市町村の位置や USA 各州の位置など），手作業ではたいへんです。その点，例えば MANDARA などの地図ソフトを使えば，その手間を省けます。

東京都の人口について，区市町村別の高齢者人口比率，若年人口比率，昼夜間人口比率，昼間人口密度，外国人人口比率について，MANDARAを使って地図化させました。データはあらかじめ入力しておきました。階級区分も配色もほぼ自動的に作ってくれます。画面に地図が映し出されたときは感動の声があがります。出来上がった地図を見て考察します。

　しかし，とても簡単にできてしまうので，作ったという感じがしませんし，だんだん感動が薄れます。地図作成ソフトは，ソフトが配色や階級区分を適宜判断しますが，なかには配色がグラデーションになっていない地図や階級区分が適当とは言えない地図ができてしまうことがあります。後者については素データを見て，数値の散らばりがどうなっているか調べるべきです。

　そこで，配色や階級区分，表現方法を変えてみるなどして，より適切な表現を試みさせました。ユニークな地図や不自然な地図ができることもありますが，それもよい経験で，「失敗」から学ぶことができます。

　生徒に手描きの地図作成とMANDARAによる地図作成のどちらが良いと思うか尋ねたところ，最も多かったのはどちらもよいという回答でした。つまり，MANDARAは簡単にできて便利ですが，考えなくなる一方，手描きには描いていく過程で傾向に気づいていく楽しさがあると言います。生徒のバランス感覚は素晴らしい！　この反応に思わず感動してしまいました。

　統計地図の作成については，まず都道府県別統計など比較的描きやすい統計を手描きで地図化させましょう。そうして，統計地図がどのように作成されるのかをとらえ，統計地図を批判的に読めるようにします。そのうえで，広範囲の地域の統計数値や大量の数値を，その特性を発揮できる地図ソフトを使って地図化します。より適切な地図表現を工夫させるとさらなる発展が期待できます。その際，友達と知恵を出し合って学び合うようにすると，学校という教育の場の魅力を発揮できます。

　グラフ化についても，エクセルでは大量の数値を，その作図機能を使って簡単にグラフ化できます。より見やすいグラフ化を工夫させましょう。

5. 景観写真の読み解き

(1) 事実認識

　地理の基本はフィールドワークですが，遠方の地域は景観写真で補うしかありません。逆に言えば，景観写真が遠方の地域理解の手助けになります。景観写真の読み方として，地理写真の先駆者は6点挙げています。

　　① 何を写したものか。
　　② 写っているものは何と何か。
　　③ 何がわかり，何がわからないか。
　　④ 写っているものの間に関係はあるか。
　　⑤ 関係があれば，どれとどれか。
　　⑥ どのような関係か。

石井實（1988）:『地理写真』古今書院（下線荒井）

　まず画面全体で大きく，または多く写っているものを中心に，読み取ったことや疑問に思ったことをキーワードで付箋に1つずつ書き，グループで出し合います。同じ景観写真を見ても，生徒によって注目することが異なり，思わぬ生徒が活躍することがよくあります。生徒の満足感を高めましょう。一見しただけでは気付きにくい内容に目を向かせるためには，景観写真を近景，中景，遠景等に分割して（グループ内で分担してもよい）読み取らせます。こうして読み取った個々の内容を，つながりや関係がありそうなことを図にまとめると，新たな発見を得ることがよくあります。

　着眼点として，自然地理的内容については起伏や高低（地域全体と特定の場所），地表水（川，湖，湿地），植生等，都市・村落については立地場所や広がり，古さ，計画性，土地利用，交通等に注目するとよいです。鳥瞰写真などの空中写真では，地形図を併用して，土地や建物の利用を調べるなどすることも考えられます。

　景観写真のなかには様々な情報が盛り込まれ過ぎて，読み取りにくい場合もあります。その場合には重要な特徴等に絞ってスケッチし，そこに読み取ったことを書き入れるとさらに良いでしょう。

（2）価値認識

　生徒によって景観写真の着眼点が違うように，その景観写真から受ける印象も生徒によって違います。景観写真を見た感想を出させると，その場所に対する生徒の価値認識や，時にはステレオタイプなとらえ方や偏見を見出せます。

　例えばエスニックタウン大久保（東京都新宿区）の景観写真を見て，エキゾチックな雰囲気に好感を示す生徒もいますし，外国人に乗っ取られたようだと嫌悪感を示す生徒もいます。それを出し合い，友達と話し合うなかで，先入観や偏見に気づかせるとよいでしょう。

（3）景観写真の批判的考察

　景観写真は，撮影者が目前の景観から一部を切り取ったものです。撮影者は何を目的にその景観を撮ったのか考えましょう。生徒たちに自分が景観写真を撮る時，目的に応じて眼前の景観の一部を写していることに気づかせましょう。「真実を写す」と書く写真も，所詮切り取られた真実であると批判的にとらえることはメディア・リテラシーの育成につながります。

　例えば切り取られた景観写真の外側にどんな景観があるか想像させましょう。景観写真の一部を読み取った後で，全体を見せるという展開もあります。例えばアフリカ州の学習で都心部の高層ビルを見せた後，手前に広がるスラム街を見せるのです。

（4）組写真の活用

　複数の景観写真を比較すると，読み解く視点がはっきりしやすいです。

① 同一場所の異なる時刻・季節・年代の景観写真の比較：例えば郊外の駅の朝と昼間，地中海地域の夏と冬の植生（日本とは緑の季節が逆）は対照的でわかりやすいです。また，地域の変化は生徒の興味・関心を高めやすいです。どのような変化が見られるか，なぜそのような変化が起きたのか，その変化についてどう思うか，今後どう変わるべきか，探究させましょう。変わっていないことにもぜひ注目させましょう。

② 同一国内・都市内の異なる地域の比較：例えば都市と農村，都心部と

図 7-4　民家の外観と内部
サンダカン（マレーシア）で 2014 年 7 月荒井撮影。

都心周辺地域との対比です。こうして，地域的多様性や地域格差をとらえられ，当該地域に対するステレオタイプの解消も期待できます。

③ 同一の地理的事象を異なる視点・地域等から捉えた比較：例えば図 7-4 のような建物の外観と内部の対比です。外観からではわからない室内の広さや調度品等を見て，「途上国」の伝統的住居に対するイメージが変わるでしょう。

以上のようにすると，対象地域について多面的・多角的に考察できます。教師は「典型的な景観写真」を求めがちですが，ともすると特定の視点によるとらえ方に偏り，ステレオタイプを助長する恐れがあります。旅行先で景観写真を撮影する際には，一つのテーマを多様な景観写真から探究できるように，地域的多様性に気を付けましょう。

(5) 教科書とインターネット上の景観写真

　教科書には景観写真がフルカラーで多く掲載されています。しかし，多くは本文の説明の補助的な位置付けで，キャラクターが気づいたことや疑問を語っていたり詳細な説明文が付いていたりしていて，生徒がじっくりと景観写真を読み取ることをおろそかにしかねません。一瞥すればすむような景観写真では深い読み取りができないばかりか，特定のイメージを押し付ける恐れすらあります。

　今はインターネットで様々な景観写真が得られます。特に Google Earth から世界各地の景観写真を得ることができますし，過去の画像も見ることができます[1]。利用の際は，撮影時期や撮影者の意図等に留意しましょう。

なお，国士舘大学地理学教室のホームページに『今月の地理写真』があり（http://bungakubu.kokushikan.ac.jp/chiri/Photo/BascNumber.htm），地理学者が撮った様々なテーマの景観写真（解説付き）を見ることができます。

6. フィールドワーク（野外調査）：課題克服のヒント

　「百聞は一見に如かず」，フィールドワークは五感を使って地域の特色や課題を実感でき，地理の醍醐味を味わえます。生徒は教室内とは質の違う様々な学びから充実感を得ること，間違いなしです。実施した教員は，地域への関心がとても高まった，観察力が向上した，幅広い力を身に付けた，地理的技能や地理的な見方・考え方に通じる力が育まれたといった効果を挙げています[2]。学習指導要領が求め，教科書も野外調査の方法にページを割いているにもかかわらず，日本での実施率は非常に低いです。その理由として，時間がかかる，準備がたいへん，安全への配慮がたいへんといったことが挙げられます。これらの解決のヒントを提案します。

（1）フィールドワークの種類

　フィールドワークは，①教師が引率して地域の地理的事象をとらえる，②生徒がテーマを持って調査するという2つに大別できます。地域を知るため，地域の地理的事象に関心を持つため，まず①を実施しましょう。これには以下の3段階が考えられます。②は授業時間外，特に週末や長期休業期間を利用することも考えられます。ルートマップを作らせるなど，教師が事前に調査内容や方法を指導します。

A：校舎屋上からの観察：高い所から鳥瞰すると，建物の分布や高さ，交通，土地利用など，地域の全体像がわかります。普段とは正に違った視点から地域を観察することで，学習への動機づけを高めることができます。

B：1時間でのフィールドワーク：教師がルート上の各ポイントで説明したり問題を投げかけたりします。状況によっては，各ポイントでの観察項目等を列挙したワークシートに記録させてもよいでしょう。

C：2時間以上のフィールドワーク：2時間連続授業のほか，総合的な学

習の時間や校外学習・遠足といった行事の活用も考えられます。後者
ならば多くの先生方の協力を得られます。

　私の勤務校は都心にあり，台地と低地の違い，地表を走る地下鉄，中高
層建築の階数による利用の違い（商店・医院・住宅等），印刷関連業につ
いての観察，台地と低地の比高の実感のほか，江戸期の古地図と対比した
歴史的事象にもふれた１時間のフィールドワークを実施しました。このよ
うに１時間でも得られることはたくさんあります。生徒もそれほど疲れま
せんし，時間割を変える必要もありません。まずは１時間のフィールドワー
クをお勧めします。

　10分程度の聞き取りを入れることも考えられます。地域の方と話す教
育的意義は大きいです。生徒が質問すれば，地域の方は一生懸命答えてく
れます。

（2）フィールドワークの準備 ―― 教材研究と安全対策 ――

　調査項目を決めるために，副読本があればそれを，なければ地域の図書
館の郷土資料コーナーなどで地域の概要をまとめた図書等を活用します。
同じ区市町村の先生方にヒントをもらうとよいです。収集した資料や生徒
に配布した資料等は学校でまとめて共有し，少しずつ蓄積していきましょ
う。後任の先生も助かります。

　各調査ポイントについて，安全面を確認しておきます。交通の激しいと
ころでは，そこへ行く直前にワークシートに示した観察ポイントを確認さ
せ，安全な場所に移動して説明するといった対策を考えます。地域の方な
ど補助者の協力を得ると安全指導が楽になります。

　まずできそうなことから始めましょう。最初は無理しないことです。
生徒の充実感が準備の苦労を忘れさせてくれるはずです。そのために，
まずご自身がフィールドワークに参加して，その面白さを体験するとよ
いです。例えば都道府県の社会科・地理教育研究会をはじめ，各種の研
究会や学会も「巡検」などと称して実施しています。注2）の書籍も参
考になります。

132

7. 図解や地図を使った表現

　地理の学習でわかったことや地域調査によって得た情報は，地図や図などのグラフィックな表現を使ってまとめると，視覚に訴え，長い文章で説明するよりもわかりやすく表現できます。例えばプロセスや因果関係をフローチャートにまとめたり二つの地域の特徴をベン図で両地域の共通点と各地域の特色をまとめたりします。その際，キーワード等で簡潔に表現すること，情報を盛り込み過ぎないことです。

　図7-5は，複雑な諸事象の関係に注目したシステム・アプローチという考え方によって高校生が作成したものです。

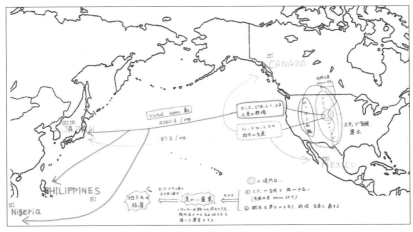

図7-5　空間構造を踏まえたシステム図
　出典：中村洋介（2019）：中学校・高校地理でのシステム・アプローチの活用実践例
　　　　―世界の環境問題とその関連テーマにおける実践―．新地理 67-1. pp.71-75.

注
1) 立川和平（2012）：Google Earth で世界を見る．矢ケ﨑典隆・椿真智子『世界の国ぐにを調べる　改訂版』（東京学芸大学地理学会シリーズ4）古今書院．
2) 宮本静子（2012）：フィールドワーク学習の実施状況と教員の意識．松岡路秀・今井英文・山口幸男・横山満・中牧崇・西木敏夫・寺尾孝雄編『巡検学習・フィールドワーク学習の理論と実践―地理教育におけるワンポイント巡検のすすめ―』古今書院．pp.34-41.

コラム 13　私の実践例⑧

地球儀と世界地図
── クイズ感覚で学ぶ ──

　この内容は地理の最初の単元に位置付けられていますが，生徒に親しみにくい内容です。そこで，クイズを使って，正解を作業を通して発見させました。下の問いの正答率はいずれも低いです。

① 面積が **2 番目に大きな大陸**：北アメリカ大陸とアフリカ大陸のどちら？

　ミラー図法の世界地図では，北アメリカ大陸がアフリカ大陸よりもやや大きく見えます。地球儀で比べてみましょう。明らかにアフリカ大陸が大きいです。なぜ？　ミラー図法では，緯線の長さが皆同じになっているため，高緯度地域ほど実際よりも大きく表れされてしまうのです。

② 東京からの距離：ヘルシンキ，ロンドン，カイロのどこが一番近い？

　多くの生徒はカイロと答え，正解のヘルシンキを選ぶ生徒はまずいません。地球儀上で実際に測定すると，驚きの声があがります。緯度がカギです。ヘルシンキは北緯 60 度，カイロは同 30 度にあります。実際の緯線の長さは，緯度が高くなればなるほど短くなり，南北 60 度線は赤道の長さの約半分になります。ところが，ミラー図法の地図では，緯線の長さは皆同じですから，高緯度地方については，実際よりも遠くに位置しているように見えてしまいます。因みにロンドンとカイロの東京からの距離は，どちらも約 1 万 km です。

③ グリーンランドの形は？：逆三角形，長方形，円形？

　ミラー図法では逆三角形のように見えますが，地球儀で見ると，南北に細長い長方形に近い形をしています。北緯 60 度以北という高緯度に位置していますから，地図上では北部ほど，実際よりも横に長く伸ばされてしまいます。

　いずれも緯線の長さがポイントです。緯線と経線で囲まれた部分の形は台形に近いです。緯線間の距離（台形の高さ）は同じなので，緯線の長さが実際の比率で描かれている地図では，形はゆがんでいても面積は正しいです。経線の長さが違う地図は，経線のゆがみがそのまま形のゆがみとして表れます。

　なお，正距方位図法は航空図に利用されると言われますが，航空機で見たことがありますか？　地球スケールでの方位は生徒にはわかりにくいですし，この図法は参考程度に取り扱うべきでしょう。また，時差の学習では，計算方法よりも，標準時の地図から，中国が北京時間で統一されていること，西経に位置するスペインが，大陸にあるヨーロッパ諸国と同じくロンドンよりも 1 時間早いことに注目する方が意味があります。

134

第8章　地理授業構想のヒント

Variety is the spice of life.

ことわざ より

互いに相違点があることは認めよう。たとえ今すぐ相違点を克服できないにしても，少なくとも多様性を認められるような世界を作る努力はできるはずだ。

ジョン・F・ケネディ

【本章のねらい】

　上の英語は「多様性は人生の薬味」，「いろいろあってこそ人生はおもしろい」といった意味です。地理の基本は地域的多様性で，それがあるから地理学が成り立つと言っても過言ではないでしょう。地理では「寛容」が重要な姿勢です。

　ダイバーシティは今後の社会のキーワードの一つです。グローバル化が進み，今日世界的に活躍している「日本人」のスポーツ選手や科学者などをみても，非常に多様性に富んでいます。その多様性が格差や差別を生むことがあってはなりません。多様性を尊重する寛容な社会を築いていく必要があります。

　教育方法についても多様性を考えましょう。かつてのディベートに代わって，今日ではアクティブ・ラーニングやジグソー学習が流行っています。しかし，毎回それをやればよいというものではないでしょう。生徒は多様です。発言の好きな生徒もいれば，書くことを好む生徒，絵で表現したい生徒など多様です。学習指導・評価に多様性を持たせましょう。かつて諸地域学習はワンパターンの繰り返しに陥り，発展性がないと言われたことを教訓にすべきです。

　多様性を尊重する地理の授業では，内容・方法とも多様性を心がけましょう。

135

1. 教材研究のヒント

　授業構想の基本は，生徒がそれを学ぶ意義を明確にすることです。教科書の内容をどう教えるかが優先ではありません。生徒たちがこれまでどんなことを学んでいるのか（他教科に目を配る必要もあります），学習内容についてどんなことを知っているのか，どんなイメージを持っているのか，そのイメージでよいのか，何に気づいていないのか，といったことを検討し，授業後にどんな生徒に育ってほしいか明確にし，目標を具体化します。時々でもよいので，生徒に事前調査をすることをお勧めします。

　中学校の場合，学習指導要領解説と小学校の学習指導要領や教科書に目を通します。高等学校の「地理総合」の内容もみて，中学校で身に付けたい知識・技能，思考力・判断力・表現力，態度等を考えてみましょう。

　教科書・地図帳の検討の際は，他社版も複数見ましょう。同じ単元でも構成に違いが見られ，取り上げている重要語句，地図・景観写真・統計などの資料も多様です。この多様性が教材研究を刺激するでしょう。今の教科書は資料が豊富です。生徒たちには教科書と地図帳を自主的に活用して調べる習慣を付けるようにしましょう。

　地図帳は教科書に従った配列にはなっていません。世界全体を対象にした地図，地方別の地図，主題図が多いページなど様々です。巻末の統計も活用しましょう。それで不足する資料が何かわかったところで，資料を収集すれば効率的です。生徒を対象にした図書も豊富です。図書室でみてください。調べるために適した図書を司書の方に用意してもらいましょう。

　関連する書籍は学習の意義を考えたり資料を得たりするうえで有効です。新書やブックレットなどが読みやすくてよいでしょう。全ての単元でなくても，それを少しずつでも積み上げて行けばよいのです。

　こうして，各単元の目標と評価を具体化します。「～の特色をとらえる」といったどの単元にも共通するような抽象的・一般的な目標ではなく，具体的に表現しましょう。評価はなおさら具体的に表現すべきです。

2. 単元構成のヒント

単元構成は生徒や地域の状況に応じて工夫すべきです。原点は単元目標です。その達成のために、どんな構成をしたらよいか、生徒目線で考えます。まず学習内容を書き出して、構造化しましょう。

図8-1は中学校のオセアニア州の教科書記述を項目別に書き出し、その関係を矢印でつないだ図で、他の国々との関係の変化と多文化主義が注目されます。オセアニア州について、新学習指導要領解説は多文化社会、貿易に関わる課題を取り上げ、民族構成の変化やアジア諸国との貿易割合の増加についての問いを例示しています。いずれの場合も、「日本・中国の経済成長」、「イギリスのEU加盟」という他の国々との関係の変化と「少ない人口」、そして、図にはないですが、オセアニア州の地理的隔絶性に注目して、課題追究型の単元構成を考えることができます。

単元を貫く問いを決めたら、その問いを追究するために必要な問いを考え、それぞれの問いのつながりや関係を考えて（「問いの構造図」）、取り上げる順番を考えればよいのです。それぞれの問いの考察では、教師主体の展開をする時間があってもよいし、生徒主体の調べ学習や話し合いを中心にする時間があってもよいのです。

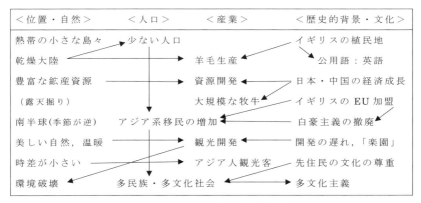

図8-1　オセアニア州の内容の構造図
荒井作成。

導入では生徒の関心を高め，課題につなげやすいものを取り上げます。多文化社会ならば街頭の景観写真や多言語のマス・メディア，学校での日本語や中国語の学習，移民の出身国・地域の変化などが，貿易ならば身の回りの輸入品などが考えられます。貿易の発展として，人のつながりにも注目して，経済成長と時差が小さいことからアジアからの観光客が増えていること，観光開発と環境破壊の問題を考察するとよいでしょう。

諸地域学習では自然環境から始めるものと定型的に考えないことです。特に課題解決的な単元構想では，まず生徒の関心を高めることを考え，教師が課題を提示することになっている世界の諸地域では，その課題に直結する地理的事象から始めるべきでしょう。日本の諸地域では，地図や統計を使って，地域を概観することから始めることが考えられます。考察でも，自然環境から始める必要はないです。

ある学生はアジア州の学習で，東京に見られるアジア各国料理店や外国人集住地域，アジアからの観光客の増加を通して，アジアとのつながりが強くなっていることに関心を高め，その背景を追究する構成を取りました。また，青森県の生徒を対象に東北地方の学習を構想した学生は，人口流出をテーマに単元を構想し，同じ東北地方でも特に青森県など北東北で人口流出が多い理由を考察する構成を考えました。このように，生徒の暮らす地域の実態に応じた単元構想を検討するべきです。

表 8-1 は中学校の関東地方の単元構成の一例です。実践者の篠塚先生は生徒へのイメージ調査から，80 ％以上の生徒が東京の巨大な人口に関することを挙げたことを踏まえて，東京大都市圏が世界で最も密集した都市圏であるという事実に着目して主題を設け，そこで出るであろう仮説に基づいて追究する構成を取っています。まとめでは，新たに未来志向の学習課題を設定して学習を深めるとともに，生徒が社会参画に関わるきっかけとしています。タイトルに生徒の飛びつきそうな話題を取り上げていることも注目されます。

このほか，日本の自然環境の学習は，自然災害を単元の主題として構成することも考えられます。人災の面や自然の恵みにも留意して。このように，教科書の内容を単元の目標に応じて再構成してみましょう。

表8-1　単元「関東地方」の指導計画

単元の時数	おもな学習内容 <扱う都市問題>	「授業タイトル」と本時の学習課題	関	思	技	知
第1時	江戸と東京の人口 ・過密・東京大都市圏	「老舗は日本橋に有り」 なぜ、日本橋には老舗の食べ物屋が多く集まっているのか。	●			●

<単元の学習課題を設定>　なぜ、東京大都市圏（関東地方）に人口が集中するのだろうか。

<単元の学習課題に対する追究>
①住みやすい地形なのではないか。　　　②企業や学校が多いからではないか。
③交通通信網が発達しているのではないか。④住宅地の開発が進んでいるのではないか。
⑤産業が発達しているからではないか。　⑥多様な娯楽や流行への憧れではないか

単元の時数	おもな学習内容 <扱う都市問題>	「授業タイトル」と本時の学習課題	関	思	技	知
第2時	①③東京の地形 ・ヒートアイランド現象 <都市型水害>	「上らないと入れない！？地下鉄の階段」 なぜ、大島駅には一度のぼらないと入れない階段がついているのか。	●	●		
第3時	②③東京の機能 ・首都　・都心 <通勤、地価高騰>	「ドーナツからあんパンに」 なぜ、東京の中心部であんパン化現象がおきてきたのか。		●	●	
第4時	③④東京大都市圏の拡大 ・ニュータウン <環境破壊>	「平成狸合戦ぽんぽこ」 なぜ、ジブリ映画に出てくる多摩丘陵の狸たちは人間を襲ったのか。		●	●	
第5時	②⑤東京大都市圏の産業 ・京浜工業地帯 <一極集中>	「土曜日販売は禁止します」 なぜ、東京では少年ジャンプの発売日が日本一早いのか。	●	●		
第6時	③⑤大都市圏周囲の農業 ・近郊農業　・過疎 <産地間競争>	「オカアサンヤスメ」 なぜ、とちおとめは売り上げNO1をキープできるのか。		●	●	
第7時	③⑤大都市圏周囲の工業 ・北関東工業地域 <外国人労働者>	「東京から1000円で行けるブラジル」 なぜ、日系ブラジル人は大泉町に集まったのか。	●	●		

| 第8時 | まとめ | 「（各自で関東地方単元にタイトルをつける）」 | | ● | | ● |

<単元の学習課題の解決>　なぜ、東京大都市圏（関東地方）に人口が集中するのだろうか。

<新たな学習課題の設定>　持続可能な社会を目指すにあたり、東京大都市圏（関東地方）への人口集中をどうすべきか。

2018年6月　東京学芸大学附属世田谷中学校　篠塚昭司教諭作成。

3. 各時間の展開について

（1）地理的な導入

　世界地理の授業では，あいさつを授業に関係する地域の「こんにちは」で始め，「ありがとう」で終えました。黒板にはできるだけ現地の文字で書きます。アラビア語の「アッサラーム・アライクム」は，アラビア文字は難しいので，カタカナで右から左へ書きました。「アッサラーム」は平安，「アライ」は上，「クム」はあなたの意で，「あなたの上に平安が訪れますように」というイスラームの言葉です。素敵な表現です。「アライクム」が「荒井君」に近いので，生徒には大うけ。スワヒリ語の「ジャンボ」も覚えやすいです。ヨーロッパの言語の場合は，ゲルマン系，ラテン系，スラブ系の各言語の類似性と，多くの「こんにちは」が「良い日」（Good, Bon などで始まる）といった意味であることも，授業で使えます。

　導入では景観写真を積極的に活用しましょう。美しい景観，不思議な景観などは効果的です。ニュースも活用できます。例えばある年の九州地方の学習では，火山噴火，集中豪雨，鶏や牛の大量殺処分を取り上げました。生徒の生活と深く関わるできごとは生徒の関心を高めます。それに関連したドキュメンタリー番組も活用できます。スポーツの話題も活用できます。南アフリカでのワールドカップでは，高地で行われた試合があり，空気が薄いためにボールの回転が低地とは違うという話題を取り上げ，地形を調べました。ここにもそこにも地理の話題は転がっています。日常からアンテナを高くして，興味深い話題をストックしておくとよいです。

（2）地理的な展開

　導入の最後に，取り上げた資料や話題から地理的な事象を見出し（地理的な見方），地理的な問いを立てます。

　展開では，地図や景観写真，統計などの資料を読み解いていきます（地理的な考え方）。基本的な資料は教科書や地図帳にそろっていますから，最初は教師がそれらの資料を見るように指示しますが，教師の指示がなくても生徒が自主的に教科書や地図帳を調べて，適切な資料を収集・選択す

る習慣をつけていきましょう。

　しかし，困った問題があります。教科書では，これらの資料が本文を補う，証拠づけるような形で，本文に番号を付けて置かれています。このため，読み取ってほしいことが教科書に書かれていて，生徒が読み解くことをじゃましている場合があります。教科書に掲載されている資料を使う際は，教科書を開けさせるよりも，書画カメラやパワポで大きく提示した画面に注目させるとよいでしょう。ですから，私は生徒に予習不要と言ってあります。教科書の順番どおりに取り上げていませんし，教室では自由な発想を求めたいからです。正解を出すのが授業ではありません。一見正解には見えないことでも本質につながることを導き出せることもあります。また，教科書の資料は古くなってしまう場合もあります。その時は最新の資料を提示し，必要に応じて両者を比較して変化を読み取らせるとよいでしょう。

　まとめ，特に単元のまとめでは，地図や図表にまとめるようにしていくと，徐々に地理的な表現力を育成できます。何事も習慣づけが必要です。表現力の育成は一朝一夕にはできません。発表のようなプレゼンテーション力もそうです。だからと言って，それを避けていたら，いつまでたっても表現力は育ちません。表現力については，友達の作品や発表を通して，生徒はよい点を学んでいきます。学校を相互啓発の場とすべきです。

　学習指導案は略案でもよいので，書きましょう。これは授業者の仮説に基づくシナリオであり，授業後に，生徒の反応を踏まえて，良かった点や改善すべき点を，次回に備えて記録しておくとよいです。特に生徒の反応についての記録を残すカルテとしても，学習指導案は活用できます。学習指導案のなかでも目標と評価，主な発問，板書計画を，生徒の言葉で具体的に書いてみると，あいまいさがなくなりやすいです。授業構想の具体化と授業力向上のため，学習指導案を書く効果は軽視できません。

4. 年間指導計画作成のヒント

（1）諸地域学習の配列

　教科書では，中学校の世界の諸地域では学習指導要領の順番で，日本の諸地域では九州地方から北上するパターンが多く見られます。しかし，学習指導要領も教科書も順番は規定していません。教科書の順番にしない場合，生徒に事前に学習計画を示すなどするとよいでしょう。以下，私の実践を例に述べます。

　世界地理では，北アメリカ州を最初に位置付けました。それはアメリカ合衆国について，生徒が一定の知識・イメージを持っていること（正しいか否かは別です），輸入品を通して生徒の生活と深く関わっていること，本土の緯度上の広がりが日本のそれと似ていること，地理的な資料を得やすいことから，生徒に関心を持たせやすいですし，他の地域よりも比較的理解しやすいからです。そして，ここで発展とは何かに関心を持たせて，他の諸地域の学習を，適宜北アメリカ州と対比して進めました。

　次に取り上げる地域についてはいろいろ考えられますが，地域的連続性と南北問題の視点から南アメリカ州を取り上げました。そして，南北アメリカに移住した人々の故郷であるヨーロッパ州，次いでヨーロッパ諸国の植民地支配を受けたアフリカ州を取り上げ，南北問題を意識して指導しました。最後に日本とのつながりに注目して，まず比較的容易に考察できるオセアニア州，そしてアジア州という配置にしました。アジア州はあまりにも多様で，また，変化が大きく難しいことも最後に置く理由の一つです。このように，ヨーロッパ中心の世界地図で西から東へ展開しました。

　日本の諸地域では，身近な地域の学習を含めた関東地方から始め，次に近畿地方を関東地方と対照しながら考察し，さらに両地方の間に位置する中部地方を，関東地方や近畿地方とのつながりに留意して考察しました。そして，他の地域はグループで調べ発表する学習を展開してきました。しかし，今日のように身近な地域を最後に置いて地域のあり方を考える場合には，都市部のテーマが多い近畿地方と，それと対照的な東北地方を事例として取り上げた後，グループ発表学習，そして，最後に関東地方，身近

な地域という配列も考えられます。

　以上は東京で指導した私の例であり，各学校の地域性や生徒の実態に応じて，配列はいろいろ考えられます。ポイントは前に学習したことを，次の学習に活かすなどして学習を徐々に発展させることです。

　かつての諸地域学習では，ワンパターンで単調な学習展開がよく見られました。教科書は全国版ですし，九州地方の学習を踏まえた中国・四国地方といった記述をしていません。学習する順番を規定することは各地の地域性に応じた単元構成を否定することになりますから。

（2）生徒の調べ学習等の配置

　例えば生徒がじっくりと調べる学習を取り入れる小単元など，時間をかけたい・かける必要がある小単元を設けるために配当時間を調整します。諸地域学習の最初に取り上げる小単元の扱いについては，最初なので時間をかけるという考えもあるでしょうし，最初は教師主体で進めて時間をかけないという考えもあるでしょう。生徒の実態と各小単元のねらいに応じて調整します。

　私は生徒が調べ発表するグループ発表学習を「世界各地の人々の生活と環境」，「世界の諸地域」，「日本の諸地域」で取り入れ，事例地域の学習，グループ発表学習，大単元のまとめという構成を採ってきました。

（3）季節性などへの配慮

　特に身近な地域の調査は，調査しやすい時期を選ぶとよいです。梅雨や積雪時は避けるべきです。修学旅行的行事や季節のイベントも考慮するとよいです。

　教育実習生を受け入れる時期には，彼らが比較的取り組みやすい単元を位置付けるようにしました。いつもうまくいくわけではありませんが，ワンパターンにならないように，工夫してみましょう。

143

コラム14　私の実践例⑨　グループ発表学習

　高校の時，世界の諸地域を生徒が分担して発表する学習を経験しました。私は西アジアを担当しましたが，さすがにその内容はよく身に付きました。そして，例えば西アジアの地下水路はオセアニアの掘り抜き井戸などの学習に通じましたし，資源開発の問題は世界各地に見られることも知りました。

　教師となって間もないころ，東南アジア，中南アフリカ，ラテンアメリカを指導していて，モノカルチャー，資源開発，工業化の遅れなど，教科書の記述内容がとても似通っていたことに気づきました。そこで，生徒にそれを調べてもらい，一般的共通性と地方的特殊性を自ら考察させたらよいのではないかと思い，「途上国」という単元を設定し，グループで調べ，それを発表するグループ発表学習を試みました。

　発表する生徒には聞き手がわかりやすいように，地図や景観写真，統計などの資料を提示して伝えることを心がけさせます。また，聞き手には，自分が調べた地域と比較して聞き，特に共通点に注目させます。全ての発表後，一般的共通性を探るとともに，自分が調べた地域の地方的特殊性を再度見直します。このまとめの学習が重要です。「途上国」のまとめでは，「こんなに遠いのに，似ているところがたくさんある！」といった声があがりました。関係のある内容をつなげて，植民地支配が特に大きな影響を与えていることをとらえました。

　この実践を踏まえて，他の単元でも実践してきました。少なくとも調査の最初の1時間は，教室で教科書・地図帳・統計集を丁寧に見ることから始め，そこでほしいと思った資料を図書室の図書やインターネットを使って収集するようにしました。全員・全グループが持っている教科書・地図帳・統計集を発表で使うことは聞き手の理解を助けますので，その有効活用を図りました。

　生徒は友達の発表を注視し，友達の発表に学び，次の発表に活かしていきます。この学習を繰り返していくと，聞き手に質問したり資料を読み取ってもらうなど様々な工夫を凝らした発表が増えていきます。生徒の相互啓発によって，生徒の満足感は高まり，またグループ発表学習をしたいと言います。

　配当時間は，最初は少なくてもよく（第2章参照），その後は，調査3時間，発表各グループ15分程度，8グループで3~4時間，まとめで1~2時間，合計7~9時間が目安です。これならば無理なく導入できるでしょう。今日の学習内容の場合，「日本の諸地域」では，例えば後半の4つの地方について，中核とする事項を2つずつ取り上げます。同じ地方を異なる視点から捉えられ，動態地誌

の短所を補う利点も期待できます。まとめでは，事例地域の学習も含めて系統地理的に考察・整理して，日本の特色と各地方の特色を考察します。事前に各地域の概要を指導することも考えられます。「世界の諸地域」で敢えて取り上げるとしたら，最後のアジア州（オセアニア州を加えてもよい）で，それを4つ程度の地域に分けて，各地域の経済成長と人口について分担することが考えられます。

　事例地域の学習で，何をどんな資料で調べたらよいか意識させると，スムーズに調査できます。教師がふだんの授業で，資料を活用する授業をすることが何よりのお手本です。その意味で，この学習は教師の姿勢が問われます。

　教師が指導すれば効率的に学べるとは限りません。個別的な知識の定着を心配するかもしれませんが，そもそもそれは本当に必要な知識でしょうか。重要な概念的知識の定着にはこの学習のような生徒による発見が効果的でしょう。

参考文献
荒井正剛 (2007)：グループ調査・発表を活用した諸地域学習．二谷貞夫・和井田清編『中等社会科の理論と実践』学文社．pp.58-64.
荒井正剛 (2005)：事例学習とグループ発表学習を組み合わせた「世界の国々」の学習．山口幸男・清水幸男編『これが新しい地理授業の現場だ』古今書院．pp.35-46.
荒井正剛 (2001)：グループ発表学習に個人学習を組み合わせた日本の諸地域学習—県別個人学習と地方別グループ学習の組み合わせ—．新地理 49-1. pp.29-39.
荒井正剛 (1999)：グループ発表学習を活用した諸地域学習－単元「途上国」を例にして－．新地理 47-2. pp.33-40.

コラム15　参考資料⑥　教材研究に役立つ図書

一般向けに書かれ，比較的新しく入手しやすい地理教育に関する図書を挙げます。

1. 地誌学習の教材研究のための図書
　・矢ケ﨑典隆・加賀美雅弘・古田悦造編著 (2007)：『地誌学概論』（地理学基礎シリーズ3）朝倉書店

　　地誌学の視点と方法から始まり，世界の諸地域について，各地域を研究する地理学者がそれぞれの地域性に応じた内容に着目して記しています。仙台市を例にした身近な地域の調査や多摩地域の歴史地誌など日本も取り上げています。改訂版が出ると聞いています。

- 世界地誌シリーズ，朝倉書店

    2019年5月時点で11冊刊行（日本，中国，EU，アメリカ，インド，ブラジル，東南アジア・オセアニア，アフリカ，ロシア，中部アメリカ，ヨーロッパ）。各地域を専門とする地理学者が執筆しています。コラムも豊富です。地図や統計など授業に活用できる資料満載です。

- 辰己勝・辰己眞知子（2016）:『図説　世界の地誌　改訂版』古今書院

    地理学専攻学生ではなく，教職課程などの大学生向けの地誌学のテキストです。著者が訪ねた地域を特に多く取り上げていることに特徴があります。

- 矢ケ﨑典隆・椿真智子編（2012）:『世界の国々を調べる　改訂版』（東京学芸大学地理学会シリーズ　第4巻）古今書院

    世界の諸地域から事例として13カ国を選び，各国を調べる視点を明示して記しています。各地域のコラムや世界の国々を調べる手段も紹介されています。

- 上野和彦・本木弘悌・立川和平編（2017）:『日本をまなぶ』（西日本編と東日本編）（東京学芸大学地理学会シリーズⅡ　第1巻・第2巻）古今書院

    日本の七地方それぞれにテーマを設けて，地図や景観写真などの資料を使って説明しています。日本全体の動向についての概説やコラムも設けられています。

- 地理教育研究会（2016）:『人の暮らしと動きが見えてくる！　知るほど面白くなる日本地理』日本実業出版社

    人間の生産活動を中心として，自然環境，移動，食，工業，文化，防災，環境，世界との結びつきに関する50のテーマについて解説されています。

- 平岡昭利編（2008）:『地図で読み解く日本の地域変貌』海青社

    異なる年代の地形図を通して，稚内から南大東島まで111地域の変貌をとらえています。同じ編者による地方別（関東・中部・近畿は2冊，全10冊）『地図で読む百年』（1997-2006）古今書院，もあります。

2. 地理的スキルに関して

- 加賀美雅弘・荒井正剛編（2018）:『景観写真で読み解く地理』（東京学芸大学地理学会シリーズⅡ　第3巻）古今書院

    景観写真の意義と活用方法，教材としての活用に加えて，地形，気候，都市，農山村，モンスーンアジア，ヨーロッパについて景観写真で読み解いています。

- 竹内裕一・加賀美雅弘編（2009）:『身近な地域を調べる　増補版』（東京学芸大学地理学会シリーズ　第1巻）古今書院

    身近な地域の歴史，移り変わり，産業，生活と文化，異文化，子どもの生活，地域の安全を取り上げて，その調べ方のヒントが凝集されています。

- 松岡路秀・今井英文・山口幸男・横山満・中牧崇・西木敏夫・寺尾孝雄編（2012）:『巡検学習・フィールドワーク学習の理論と実践—地理教育におけるワンポイント巡検のすすめ—』古今書院

フィールドワークの意義と学校現場での実態に加えて，1時間での巡検の実践例やそれ以外の各種の巡検の実践例が豊富で，参考になります。

3．地理教育全般，自然地理

・中村和郎・高橋伸夫・谷内達・犬井正編（2009）：『**地理教育講座**』**全4巻**，古今書院

  第Ⅰ巻：地理教育の目的と役割，第Ⅱ巻：地理教育の方法，第Ⅲ巻：地理教育と地図・地誌，第Ⅳ巻：地理教育と系統地理。地理学者を含め計49名の執筆陣による地理教育書です。

・吉水裕也編著（2018）：『**本当は地理が苦手な先生のための中学社会　地理的分野の授業デザイン＆実践モデル**』明治図書出版

  地理への苦手意識を克服するためのヒントが満載です。評価について丁寧に記され，探究型の授業デザインのヒントがまとめられています。地理授業の実践モデルが，問いの構造図を踏まえて8単元分提示されています。

・水野一晴（2015）：『**自然のしくみがわかる地理学入門**』ペレ出版

  地形，気候，植生と土壌という自然地理について，図や景観写真などを使ってわかりやすく説明しています。

4．地図，統計

＊地図：地理院地図（国土地理院の電子国土Webサイト）が最も使いやすいです。

＊統計：政府統計の窓口 **e-Stat** が幅広い政府統計を掲載しているほか，統計GISもあり，便利です。書籍では「はじめに」でふれた『地理統計要覧』に全ての国についての世界各国要覧を加えた合計500ページ近くに及ぶ『データブック・オブ・ザ・ワールド』（二宮書店）が650円（2019年）という手軽な金額で購入でき，お薦めします。また，矢野恒太記念会が発行する『日本国勢図会』，『県勢』などの各種統計書も便利です。

147

おわりに

　地理の授業のおもしろさ，意義をご理解いただけたでしょうか？
　私は地理の教科書と地図帳の編集に長く関わってきましたが，教科書も
地図帳ももっと改善されなければいけないと思っています。例えば重要用
語をゴシック体で示すことは本当に必要でしょうか？　自分の高校時代，
日本史や世界史の教科書が太字であふれていて，脅迫感と嫌悪感を覚えま
した。むしろ，生徒自身が学習後に何が大切だと思ったか，キーワードを
選ぶ場を設けると，評価にも役立つと思いますが…
　アメリカ合衆国の農業地域区分図は必要でしょうか？　それぞれの作物
の栽培条件がわかっていなければなりません。ヨーロッパ州の「混合農業」，
「地中海式農業」も必要でしょうか？　人々が積み重ねてきた知恵の結晶
であり，私も教えたいと思いますが，今日のヨーロッパではそれらを見出
すことは容易ではありません。
　教科書を変えるのは一朝一夕にはいきません。一因は，失礼ながら先生
方にもあります。教科書は民間企業が出版します。会社は現場の先生方の
声を優先せざるを得ません。この用語がない，この図がないと言われたく
ないのです。制作費が特にかさむ地理の教科書や地図帳は，今や中学校で
は地理は4社に減り，地図帳は2社しか発行していません。かつて3つの
国しか掲載できなかった時，私が関わった教科書はアメリカ合衆国，フラ
ンスとマレーシアを載せました。先生方からは苦言が多く，次の改訂では
中国に替えざるを得ませんでした。これでは大国ばかりの学習になってし
まいます。
　本書ではイギリスのテキストブックについて触れました。大学生たちも
関心を示しますが，教えるべき知識が少ないのではないかと心配します。
では，身に付けるべき知識とは何でしょうか？　具体的な単語を挙げて，
それが本当に必要か考えてもらうと，静まり返ってしまいます。

社会科は知識を強要してきた面を否定できませんが，それで国民の社会的事象を見る力は高まったでしょうか？　知識を否定するつもりは全くありません。基本的な知識がないまま議論しても机上の空論に陥るだけです。活用すべき知識はしっかり身に付けさせるべきで，知識の質が問われます。

　私たちは何のために地理を生徒に学習してもらうのか，それを真摯に問うべきです。教科書を改善するためには先生方の地理教育への意識改革が必要です。定年を控えた私としては，読者の皆様にそれを切望してやみません。よろしくお願い致します。

　地理は多様性を尊重しています。寛容の精神がその基底にあります。地理教育国際憲章は，世界人権宣言のなかでも次の文章に注目しています。改めてかみしめたい文章です。

　　「教育は，人格の完全な発展と人権及び基本的自由の尊重の強化とを
　　目的としなければならない。教育は，すべての国及び人種的又は宗教
　　的団体の間における，理解，寛容および友好関係を増進し，且つ，平
　　和の維持のために国際連合の活動を促進しなければならない。」

（第 26 条第 2 項）

　本書の刊行に際し，数々の刺激を与えてくれた生徒の皆さん，大学での受講生，同僚，研究仲間，そして，イギリスとニュージーランドで授業を見せてくださった先生方，出版の後押しをしてくださった古今書院の関秀明様に感謝申し上げます。最後に，研究優先の生活を許容してくれた寛容な妻に謝意を表します。

明治初期の迅速図（早稲田から小石川にかけて）

　陸軍陸地測量部作成の2万分の1地図は興味深いです。東京都心でも，図の南西部の早稲田町の北の神田川周辺低地に水田，図の中央やや南東の竹早町に茶畑，小日向茗荷谷町に桑畑，北部には畑が，それぞれ広がっています（地図記号は今日とは違います）。等高線がよく読み取れ，坂が多いことがわかります。

　1970年代刊行の『日本図誌体系』全12巻（朝倉書店）には，全国各地について，迅速図を含めて，年代の異なる古い地形図を数枚掲載しています（p.118参照）。歴史の授業でも活用できます。

著者紹介

荒井 正剛　　あらい まさたか

東京学芸大学教授（社会科教育）．
1954 年生まれ．東京学芸大学大学院修士課程修了．東京学芸大学附属竹早中学校などで 37 年間勤務後，現職．専門分野：地理教育，異文化理解教育．
主論文：「中学校における「世界の諸地域」学習のあり方―地域から学ぶ地誌学習―」新地理 61-1．「中学校社会科地理的分野における外国地誌学習のあり方（2）―アメリカ合衆国とマレーシアを事例とした実践的研究―」，新地理 54-3．
主著：『景観写真で読み解く地理』（共編）古今書院，『地理教育講座』全 4 巻（分担執筆）古今書院，『東京学芸大学地理学会シリーズ 4　世界の国々を調べる』（分担執筆）古今書院，『中等社会科の理論と実践』（分担執筆）学文社．
中学校社会科教科書編集委員（東京書籍）を約 30 年務めている．

書　名	**地理授業づくり入門** ── 中学校社会科での実践を基に ──
コード	ISBN978-4-7722-5327-7
発行日	2019 年 10 月 4 日　初版 第 1 刷発行
著　者	**荒井正剛** Copyright ⓒ 2019　Masataka ARAI
発行者	株式会社 古今書院　橋本寿資
印刷所	株式会社 太平印刷社
製本所	株式会社 太平印刷社
発行所	**古今書院**　〒 113-0021 東京都文京区本駒込 5-16-3
TEL/FAX	03-5834-2874 ／ 03-5834-2875
振　替	00100-8-35340
ホームページ	http://www.kokon.co.jp/　　　検印省略・Printed in Japan

いろんな本をご覧ください
古今書院のホームページ

http://www.kokon.co.jp/

★ 800点以上の**新刊・既刊書**の内容・目次を写真入りでくわしく紹介
★ 地球科学やGIS，教育など**ジャンル別**のおすすめ本をリストアップ
★ **月刊『地理』**最新号・バックナンバーの特集概要と目次を掲載
★ 書名・著者・目次・内容紹介などあらゆる語句に対応した**検索機能**

古今書院
〒113-0021　東京都文京区本駒込 5-16-3
TEL 03-5834-2874　　FAX 03-5834-2875
☆メールでのご注文は order@kokon.co.jp へ